青州龍興寺佛教造像藝術

季羡林題

青州市博物馆 编

山东美术出版社

封面题字：赵朴初

扉页题字：季羡林

青州龙兴寺佛教造像艺术编委会：

总 策 划：孙忠礼　刘传喜

主　　任：韩幸福

副 主 任：胡文星　刘永福　刘传明

编　　委：刘允泉　姜建成　王瑞霞
孟迎春　杨华胜　牟志远
石可昌　谢剑英　王爱琴
刘传喜　王　恺

主　　编：刘允泉

副 主 编：姜建成　王瑞霞　杨华胜

撰　　稿：孙新生　王瑞霞　刘华国
庄明军　周庆喜　周麟麟
杨华胜　钟惠咏　李光林
付卫杰　崔永胜　刘桂华
王　娜

图文统稿：王瑞霞

摄　　影：王书德　王立生

文字加工：任思绍

英文翻译：于俊涛

日文翻译：刘晓路

插　　图：周　申

责任编辑：刘传喜　宁　兵

装帧设计：传　喜　王海涛

青州龍兴寺佛教造像藝術

趙朴初題

青州龍興寺佛教造像藝術

趙朴初題

Inscription: “Buddhist Imagery Art at Longxing Temple of Qingzhou” —— by Zhao Puchu

青州竜興寺仏教造像芸術　（題字　趙樸初）

鸣　谢：

本书编辑过程中得到中国佛教文化研究所、佛教文化信息中心和李家振先生的鼎力相助，谨致谢意。

Acknowledgements

We would like to acknowledge the following person and organizations for helping editing in the process of making this book a reality:

Mr.Li Jiazhen

The Chinese Institute of Buddhist Culture

The Chinese Information Center of Buddhist Culture

謝　辞

本書の編集に際しては、中国仏教文化研究所・仏教文化情報センター並び李家振先生より一方ならぬご協力をいただきました。ここに深く感謝の意を表し申し上げます。

内容简介

张 总

1996年10月在山东青州龙兴寺遗址发现了窖藏的大批佛教造像。这批造像数量大、种类繁，雕造精美，彩绘富丽。因而出土以后就引起轰动，受到海内外新闻媒体广泛关注，引起学术、宗教、艺术与社会各界的高度兴趣，并被评为1996年全国十大考古新发现之一和中国20世纪百项重大考古发现之一。龙兴寺遗址发现的佛教造像，有陶、铁、泥、木与石雕，然以石雕居主，且以青州所出石灰岩为最多。造像总数达四百余尊，时代跨度从北魏至于北宋，具明确年代刻铭者有北魏永安二年（529）与北宋天圣四年（1026）等作品。但以北朝作品为多数，即以北魏晚期到东魏、北齐时代之作为主流。龙兴寺北朝时期作品，镂刻精妙，工艺特殊，虽然经过毁法时破坏，但仍可见其时佛像造型的丰富多样与时代特征。更极为珍贵的是，佛像多数保存了表面的彩绘贴金，使今人得睹当时雕刻作品均有富丽彩绘的真实面貌。南北朝时期，佛教已深入广被中国社会，上层贵胄与下层民众无不敬仰，窟像寺塔，兴建无已。无论石雕刻、泥塑作，均绘彩贴金，详备绘艺，以供瞻拜。而石雕佛像未经埋藏者，色绘早已脱尽，唯龙兴寺遗址窖藏，仍有成批作品留有彩色与金箔，弥足珍贵。龙兴寺佛像中还有数件卢舍那法界之像，在佛身上不是装绘袈裟肤色，而是施以绘画，有精美细妙的说法、飞天、胡人、地狱类图像，是将绘画、雕造两大艺术形式结合于一身了。这种特殊造像，体现了佛教中“法界”现于佛身之观念，又在艺术形态上出新创异，非常值得尊拜与欣赏。龙兴寺佛像，造型样式丰富，体现了北魏后期从秀像宽衣至薄衣显体像型的变化，衣饰中既有稠叠密集，也有几无纹褶之洁净透体之作。这种佛像造型体现了画史上著名的“曹衣出水”样式，是北齐同南朝交往，更是北齐与新疆古龟兹国佛教艺术交流，汲收印度笈多朝马土腊、鹿野苑派艺术风貌的结果。龙兴寺的菩萨造像亦极丰丽，装饰繁多，璎珠悬挂，环带佩饰，亭亭玉立。造像中的飞天伎乐，奉持乐器，翱翔凌空的姿态十分突出。背光上刻琢的螭龙，倒悬而立，展尾伸爪，口中吐出花蕾荷叶，曲成莲台，以承胁侍菩萨，很有特色。

本书是一本全面介绍青州龙兴寺佛教造像的大型画册，选刊的造像在百余件以上，还有不少精美造像的细节局部，彩色图版达二百余幅。图册中还有专家学者撰写的说明文字，更为精良的图片增色。因而通过此图册，即可以全面地了解与掌握青州龙兴寺佛教造像艺术的面貌。

龍兴寺佛教造像藝術

INTRODUCTION

Translated by Yu Juntao

Large numbers of Buddhist statues were discovered at the site of a Buddhist monastery called Longxingsi at Qingzhou, Shandong province. This discovery in October 1996 caused a great sensation. More than two hundred statues were unearthed and are remarkable for their variety of iconography, the excellence of their carving, and, above all, for their color pigments still surviving. Nothing like this find has ever been made before. The statues were designated as one of the ten important archaeological discoveries of 1996.

The sculptures were carved over a long span of time, starting with the Northern Wei (AD386-534) and continuing down to the Northern Song period (AD 980-1127). A few are inscribed with exact dates, the earliest being AD 529, of the Northern Wei, and the latest AD 1026 in the Northen Song. The majority of the figures were carved in the 6th century. While most of the sculptures are made of the local limestone, a few were made of iron, wood, clay, and plaster.

The figures of the 6th century have elegant forms with fine drapery. The brilliant colors of their robes and the gilding of their features remain as vivid as on the day that they were made. Even the systematic destruction of the images, which were found shattered into many pieces and buried in a pit, has not been able to obliterate their freshness and serene character. Remarkably, some of them wear robes on which scenes and deities are painted or carved in very fine detail. Other figures stand in front of large mandorlas (or halos) which are adorned with flying deities, dragons, and lotus flowers. These are particular features of the carving at the Longxing Monastery. Thus the sculptures from the site illustrate the confluence of the traditions of Mathura and Sarnath during the Gupta Dynasty in India, of Kucha in present-day Xinjiang, and of the Northern Qi and of the Southern Dynasties in China.

Newspapers and magazines have brought immediate reports of this discovery, but these have inevitably been limited in scope. This volume, however, presents for the first time a large part of the find. Articles about the religious imagery have also been included. We intend thereby to bring these extraordinary works of art to the attention of the whole world.

内容紹介

劉暁路翻訳

1996年10月、中国の山東省青州に位置する竜興寺遺址に、仏教造像を沢山収蔵する窖蔵（土ぐら）を発見した。このような造像は数量と種類も多く、彫刻と著色も美しい。そして、それらは発見されてから、世界中でニュース界の関心を広く呼び起こしたばかりでなく、学術・宗教・芸術及び社会各界の興味を高くそそった。この発見は中国の権威機関によって1996年の「中国十大考古発見」の一と評価された。

竜興寺遺址から発見した仏教造像は、陶・鉄・土・木・石などの材料があるが、石の彫刻が一番多く、しかも青州から産出する石灰岩を始めとする。このような造像は総数が約400尊あり、時代が北魏から北宋まで、「北魏永安二年」（529）、「北宋天聖四年」（1026）など確実な記年銘がある。その多数は北朝の作品であるが、北魏晩期から東魏・北斉までの作品は主流である。竜興寺の北朝作品は彫刻が精妙で、工芸が細心であるから、その後「廃仏」という破壊を経歴したけれども、豊かな様式と鮮明な時代特色が見える。されに、仏像の多数は表面の彩色と金箔をそのまま保存しているから、その時の彫刻に美しい彩色があるという真実な面目を今日の人々に知らせる。南北朝時代から、仏教は深く中国社会に侵入し、上層の貴族から下層の平民までは仏教を信仰しながら、石窟・寺・塔を大幅に建設した。人々の礼拝のために、石・陶・土による仏像はその時殆ど彩色を描きながら、金箔を貼つた。しかし、このような仏像は埋蔵を経歴しなければ、彩色が段々なくなつた。竜興寺遺址の窖蔵に収蔵する沢山な作品に彩色や金箔をそのまま保存していることにいよいよ珍しい。竜興寺の仏像の中には盧舎那の法界の像が何尊あるが、仏の身体は袈裟と膚色を装飾するのではなく、絵画化するのである。精妙な説話・飛天・胡人・地獄などの図像があり、絵画と彫塑という二つの芸術形式を一体に結合した。このように特殊な造像には、法界が仏の身体に見えるという仏教の観念を体験している。ての造像は芸術形態でも新しい創意があるので、非常に　賞べきである。

竜興寺の仏像は造形様式が豊かで、北魏後期の仏像が「秀像寛衣」から「薄衣顕体」へ変化することを体現している。その造形と服飾には「曹衣出水」という美術史で有名な様式が見えている。それは北斉と南朝、されに北斉と西域の仏教芸術交流の結果ばかりでなく、インドのマトウラー・サールナートの風格に影響された結果でもある。竜興寺の菩薩造像は極めて精美で、装飾が多く、瓔珠を掛け、ほつそりとして立つ。飛天と妓樂はいろいろな楽器をもつて、空を飛びかける。光背に彫刻した螭竜はさか立ちし、尾を展して爪を伸ばし、口に蓮華を吐いて蓮台となる。蓮台には脇侍菩薩を立たせる。

今まで、竜興寺の仏教造像の紹介については、新聞・雑誌・図書などが少しばかりあるけれども、範囲も有限し、図版も少ない。この本は初めて全面的に青州竜興寺の仏教造像を紹介する大型画集である。それは造像を100尊以上選択し、美しい局部と細部もあれば、カラー図版も200余り張ある。また、画集には専門家や学者が執筆する解説が精良な画集に栄光を増す。その画集によって、全面的に青州竜興寺の仏教造像芸術の面目が理解される。

目　录
CONTENTS
目　録

青州龙兴寺佛教造像（代序）/ 金维诺 /1
Buddhist Images at Longxing Temple of Qingzhou/Jin Weinuo
青州竜興寺造像一序に代えて一 / 金維諾

青州龙兴寺佛教造像的艺术特色 / 青州市博物馆 /5
Features of Buddhist Images at Longxing Temple of Qingzhou/Qingzhou Municipal Museum
青州竜興寺仏教造像の芸術的特色 / 青州市博物館

背屏式佛菩萨三尊造像 / 常青 /17
Buddha Triads/Chang Qing
背光式仏菩薩三尊造像 / 常青

佛造像 / 常青 /67
Buddha Images/Chang Qing
仏造像 / 常青

卢舍那法界人中像 · 彩绘僧尼像 / 张总 /137
Coloured Buddhist Figures in the Realm of Vairocana Dharmadhuta/Zhang Zong
盧舎那の法界の人中像・彩絵の僧尼像 / 張総

菩萨造像 / 张总 /161
Bodhisattva Images/Zhang Zong
菩薩造像 / 張総

罗汉 · 天王 · 力士 · 飞天 · 龙造像 / 张总 /205
Images of Arhats, Heavenly Kings, Guardians, Flying Devas and Dragons/Zhang Zong
羅漢・天王・力士・飛天・竜の造像 / 張総

青州龙兴寺佛教造像（代序）

金维诺

龙兴寺遗址在青州市古城西门，占地近二万平方米。在这里曾多次发现北朝时期的彩绘贴金石造像。1996 年 10 月，在龙兴寺北部寺址中轴线大殿后 5 米处，又发掘出大型造像窖藏，出土大量的佛教造像。造像形制，有背屏式造像、造像碑、单体佛、菩萨造像、单体罗汉像、单体供养人像。造像时间，从北魏，到东魏、北齐、隋、唐、北宋均有，尤以北魏、北齐时期的造像数量最多，形体最大。造像大部保留彩绘和贴金。彩绘的颜色有朱砂、宝蓝、赭石、孔雀绿、黑、白颜料。贴金部分主要为佛像皮肤裸露部分。另外，菩萨像、供养人像、飞天、火焰纹、龙体、莲花等也有饰件贴金。北齐还出现卢舍那法界人中像，在佛的袈裟上绘有人物故事。

青州在两晋南北朝至隋唐即逐渐形成一个佛教中心，不但修造有云门山、驼山等石窟，而且寺院兴盛，西晋太安二年 (303) 即建有宁福寺。后赵石虎曾在青州临淄县西建广化寺，有石塔七级（注一）。东晋隆安二年 (398) 慕容德占领广固城，称帝，建南燕国。慕容德受汉文化影响，推崇儒佛，钦佩僧朗名行，给以二县租税。东晋义熙年间，法显西行取经，返抵青州，青州长广郡太守李嶷敬信佛法，迎接经像归至郡治，留法显一冬一夏（注二）。凡此均说明当地佛事的兴盛。而龙兴寺在青州属南朝时就已开始修造（注三），从这次出土的佛教造像也可想见当年寺院规模之宏伟。

由于青州市博物馆和有关文物修复工作者艰苦工作，使一些破损的造像能接对复原。因之，我们得以重见部分造像的原貌。

北魏永安二年 (529) 韩小华造弥勒像，虽形制较小，但基本完整。碑高 55 厘米，宽 51 厘米，厚 10 厘米，石灰石质。造像刻三尊像，均跣足立于覆莲座上。本尊弥勒高螺髻，眉目清秀，手施无畏、与愿印，内着僧祇支，外着褒衣博带式袈裟。二胁侍冠饰均残，前额梳留三圆形发饰，帔帛从双肩垂下，至腿部上卷到肘间后再飘然下垂。碑顶部为方型圆角，碑上部浅线刻三尊化佛，为圆形头光、结跏趺坐。背光后部雕手执日、月二天神。下部为长方基座，基座左右刻“乐丑儿供养”、“韩小花供养”，各有一浅线刻的跪姿供养人。中为二尊护法狮子。造像左侧有题记四行：“永安二年二月四日，清信女韩小华敬造弥勒像一躯，为亡夫乐丑儿与亡息祐兴迴奴等，后已身并息阿虎，愿使过度恶世后，生生尊贵，世世侍佛。”

东魏天平三年 (536) 智明造弥勒像，石灰石质。像高 83 厘米，宽 66 厘米，厚 9.5 厘米。造像为三尊像。本尊螺形高髻，面相较长，眼微睁，嘴上翘，呈微笑状。内着僧祇支，外着褒衣博带袈裟，袈裟下摆略向外侈，跣足立于覆莲台上。双手已佚。本尊头后有由浅刻莲瓣和同心圆等组成的头光，外有彩绘忍冬花环；背光为椭圆形，亦由浅刻的莲瓣、条纹组成；外侧彩绘忍冬花纹带。二胁侍圆形头光，冠饰均残，额前留三个发辫，冠缯垂至肩部。内穿对襟衫，帔帛从双肩下垂，再向上卷至肘间，然后下垂，长裙系于上腹部，下摆略向外侈，一胁侍手持莲蕾和桃形饰件，一胁侍手持莲蕾，提净瓶，均跣足立于覆莲台上。造像上部刻火焰纹，顶部残，仅存左右两尊结跏趺坐于覆莲座上的化佛。造像彩绘保存完好。

北魏永安二年　韩小华造弥勒像

北魏晚期—东魏 背屏式佛菩萨三尊造像

本尊面部贴金，黑发，大红袈裟。胁侍黑发、红唇、红、蓝、绿三色长裙。造像两侧绘制有僧尼形象，现保留有四尊，每侧二尊，高20厘米，双手拱手胸前。造像下部有长66厘米、宽17厘米的长条形基座，基座上刻有题记："大魏天平／三年六月／三日，张河／间寺尼智／明，为亡父／母、亡兄弟、／亡姐，敬造／尊像一躯，／愿令亡者／托生净土，／见在蒙福，又为一切／咸同斯庆，／郭达、郭胡／侍佛时。"

这是出土造像中有明确纪年，而形制基本完整，制作精致的佛三尊造像，是断代的标准作品，对排比造像年代有一定价值。

这次出土的背屏式造像最具特色，高的达305厘米，小的仅50厘米左右。背屏顶部多为飞天和火焰纹，个别有翔龙。飞天或作六身，或作四身，两两相向。飞天均发中分，梳向脑后，面部清秀，袒上身，佩圆形项圈，帔帛绕肩、臂飘向身后，下着紧身长裙，裙摆随帔帛飘扬，折腰，双腿弯曲，露足。飞天或手擎摩尼珠、托钵；或手捧果盘；或双手捧莲花；或手持排箫；或手捧笙，边吹边舞；或手握横笛，作吹奏状，姿态轻盈。飞天有的托塔，塔为覆钵式，居造像碑上中部。二身托塔飞天用透雕形式做成，其余四身飞天手捧莲花等物。背屏上还有彩绘及阴线刻出的火焰纹和莲花。下部为主体造像，有的为一尊，有的为三尊或五尊，三尊最多，五尊最少。主尊多彩绘佛立像，像作高肉髻，面相较长，嘴角含笑，内着僧祇支，外披褒衣博带式袈裟，头后莲花项光。佛像面部贴金，朱唇，红色袈裟，项光、背光皆彩绘。左右胁侍菩萨，亦为圆形顶光，中有双层莲瓣装饰；戴冠，宝缯上扬，冠前有圭形饰件；额前梳五个圆形发辫饰，黑发从耳后分左右两股，自肩部垂至臂侧，呈上下双层。两肩之上有圆形发卡饰件，饰件下有彩带飘至腰间。菩萨面相清秀，长眉，棱角清楚，眼微睁，如弯月，嘴角上翘，呈微笑状，双耳垂较长。颈佩项圈，项圈下饰忍冬花纹佩饰，帔帛从两肩下垂，在身前缠绕至腿部后，左右交叉，上卷至双肘间，然后再飘然下垂。菩萨上身袒露，或穿斜衽内衫，下着长裙，裙结系于腹部，裙下摆外侈，并多层重叠，跣足立于仰莲台上。造像的圭形冠饰件、发卡饰件，项圈上贴金。服饰以朱红、孔雀蓝、石绿等彩绘，发涂黑色。主尊和两侧胁侍间，下部刻有翔龙，龙嘴吐出水柱，水柱顶端为莲茎、莲花、莲叶等，托出胁侍所立之莲台。

背屏式造像除注意佛与菩萨形象的塑造，同时对莲台下的装饰性处理极富情趣。莲花与佛教有密切关系，或为佛头光装饰，或为坐立的莲座莲台，成为佛性高洁的标志。随着佛教在中国流传，莲花更具有祥瑞的寓意，如《梁书》记载：天监十年"六月乙酉，嘉莲一茎三花生乐游苑"。当时在佛教造像上也出现多姿的嘉莲，如梁三佛造像、二佛并坐像，以及二菩萨立像的莲座都出现了精美的莲叶、莲花、莲茎的组合装饰。青州地区背屏式造像莲台富有装饰性的处理，应与梁代造像类似的装饰有关，青州则进一步美化了嘉莲的形象和寓意。

单体造像有的高近200厘米，小的仅20厘米。有的袈裟长裙等垂纹遍身，有的简洁无纹。佛像以释迦牟尼和弥勒造像为主。佛像肉髻形状，细且高，或作螺纹，或作圆涡纹，或作波浪纹，并以孔雀蓝涂绘。佛面圆，眉弯，凤眼半睁，嘴上翘，双耳下垂。早期多褒衣博带，至东魏不见系带，袈裟下摆也由北魏的外侈变成不外侈，垂纹逐渐变少变浅，前胸由较扁平也逐渐高出。北齐多为单体圆雕，一类身上着起棱垂纹袈裟，面长额平，眼微睁，鼻梁平直，颧骨较高，衣纹成两行下垂，下身显出双腿；另一类着浅线袈裟，发展为无任何线条，身躯光洁。这种式样的佛像多面圆顶尖，额圆润，双眼微睁，颧骨低，嘴小，下颌较突出。北齐佛像袈裟和长裙贴身，可感觉到肌肤的起伏变化。如北齐彩绘石雕释迦立像，像高97厘米，石灰岩质，佛眉目清秀，

北魏晚期—东魏 佛头像

北齐 佛头像

面带微笑，双手施无畏、与愿印，披田相纹通肩袈裟，内着长裙，跣足。造像的面部、肌肤贴金，肉髻、领缘、衣缘饰石青，袈裟用朱砂色配以石绿、赭石、宝蓝等色绘出图案。

菩萨由用缯带束发，发展为头戴宝冠。额前留发也由中分式到留成五个圆形发饰和多种形式的发饰。面相逐渐丰满，眼由半睁到微睁，或微笑，或祥和虔静，都生动感人。有的菩萨身上披金佩玉，长裙帔帛折线多变，大部保留彩绘和贴金。项饰由简单圆轮状，逐渐复杂精致。双肩帔帛交叉垂至膝间再卷至双肘后下垂。璎珞分两股在腹间连于璧，下垂至腿间上卷。裙带有的系蝴蝶结，有的饰图案。腰挂玉佩，腕带镯，手执莲蕾并桃形饰件。北齐菩萨出现刻精美图案的宽博裙带，手腕出现圆镯，手臂出现臂钏，腰间除裙带璎珞，还佩串饰。这种变化从以下几尊菩萨像可以看得十分明显。

北魏彩绘菩萨立像，石灰石质地，通高187厘米，像高164厘米。菩萨头戴宝冠，冠前有圭形饰件，冠缯下垂至肩部。黑发顺肩部下垂至臂部，柳眉高鼻，双眼半睁，小嘴上翘，呈微笑状。颈佩圆轮状项圈，项圈下部饰小花坠。菩萨上身袒露，下着长裙，裙结系于腰间，裙多折自然下垂，裙下摆向外侈。菩萨跣足立于莲台。帔帛从双肩垂至下腹部，再卷至肘间，然后再下垂至脚。帔帛上衬精细的璎珞，在下腹部结于圆璧。

东魏彩绘石雕菩萨立像，像高95厘米，石灰岩质，下端有榫。菩萨高髻，束冠，巾上贴金，颈佩金色项圈和璎珞，帔帛顺肩下垂，双腕戴钏，左手轻提帔帛，右臂半举于胸前，着长裙，跣足立莲台上，彩绘保留完整。

北齐彩绘菩萨像，通高136厘米，石灰石质。菩萨头戴透雕花冠，冠中部有一化佛，可知为观音。双耳垂肩，大眼下视，高鼻，唇线清晰，面孔清秀，神态端详。黑发在前额梳成六个圆圈状，在头顶分成两条发叉，自肩部垂至肘间。冠两侧有较窄的缯带沿臂侧下垂至肘下。颈细长，佩连珠状圆形项圈，下饰瑞兽头饰。内着对襟上衣，外有帔帛，帔帛有条纹和团花装饰，帔帛上托有精美的璎珞，璎珞在背部穿璧相交。菩萨下着贴体长裙，垂至脚面，正中有较宽的裙带垂至脚下，裙带上有佛像、宝相花、忍冬花、瑞兽等纹饰。裙带两侧又有较窄的两条绢带沿膝下垂，重叠于脚面。菩萨跣足立于莲台。造像残留有朱砂、石绿的彩绘。在背部彩绘下层可见“九月廿五日”墨迹。在月日左侧还有字迹隐约可见，这可能是工匠随手留下的，今后还有可能查清年号。

北齐彩绘菩萨立像，高100厘米，石灰石质。菩萨头戴镂雕花冠，冠带垂至耳旁。额前梳五个圆形发饰，黑发顺肩下垂，分三层卷曲于臂侧。双眼微闭，高鼻，嘴角含笑。劲佩宝相花项圈。帔帛顺肩垂下，从下腿部上卷至肘间再下垂。璎珞在腹前连璧，又下垂至腿间向上翻卷。下穿长裙，腹前打结。下摆外侈，多折重叠。正中一窄裙带，下饰联珠和蝴蝶结。璎珞贴金，披帛、裙带饰红、绿色。

北齐思惟菩萨像，通高86厘米，石灰石质。菩萨头戴花蔓高冠，冠带至肩部。面相清秀，眼微睁，左右臂残，右手残指留于右下腮。唇涂红色，上唇用单线绘胡须，长发从双肩垂下，用圆形发卡束住。上身袒露，圆形项圈，双肩帔帛；下穿长裙，裙带下垂。腰左、右侧有圆璧和香囊佩饰。长裙下摆重叠，半结迦坐于束腰基座上。基座下半部刻龙及莲芯。造像用红、绿、赭石、黑色彩绘和黄金装饰，彩绘保存完整。

这些菩萨造像代表了不同时期的风格与形制，特别值得注意的是北齐菩萨的形象塑造，除了注意菩萨外形的优美，更注意人物内心的表现。祥和的颜面，不是简单刻画笑容，而是在宁静含笑中，体现慈祥，体现菩萨心肠，体现形象内心的美。佛教形象重在表现人物的佛性，表现人物的内涵，而北齐造像正是在继承前人的优秀成果的基础上，把形象的外形美与内在美完好地结合，达到了极致。青州龙兴寺系列造像，为我们提供了探索中国佛教艺术美学内涵的重要资料。

注一：据《山东通志》。

注二：据《高僧传》。

注三：《益都县图志》载：龙兴寺在府城西北隅。寺中旧有宋碑，金人刻其阴曰：宋元嘉二年（425）但呼佛堂。……北齐武平四年(573)赐额南阳寺。隋开皇元年(581)改曰长乐，又曰道藏。则天天授二年(691)改名大云。开元十八年(730)始号龙兴。宋元以来，代为名刹。明洪武初，拓地建齐藩，而寺址遂湮。

北齐—隋 菩萨立像

北齐 思惟菩萨像

青州龙兴寺
佛教造像的艺术特色

青州市博物馆

1996 年 10 月，青州市博物馆在龙兴寺遗址北部，发掘出一处大型佛教造像的窖藏，出土北魏至北宋时期的佛教造像四百余尊，这是我国 20 世纪佛教艺术考古最重要的发现之一。这一重大发现，立即引起国内外有关专家、学者的高度重视，已被评为 1996 年全国十大考古新发现之一。

青州，为我国古九州之一。自西汉至明初，这里是山东的政治、经济、军事、文化的中心。龙兴寺佛教造像窖藏的发现，也说明这里是一个佛教文化的中心。

据记载，早在西晋太安二年 (303)，青州即建有宁福寺。东晋隆安二年 (398)，慕容德占领第二座青州城——广固城，并在这里称帝，建南燕国。慕容德受汉文化影响较深，他推崇儒学和佛教。在他到广固城时，著名僧人朗公也跟随而至，慕容德给他巨款，让他大兴佛事。东晋义熙八年 (412)，我国第一位到印度取经的高僧法显大师，携大量梵文经卷从海外归来，在青州长广郡牢山（今青岛崂山）登陆，在青州居留一年之久，整理佛经，传播佛教。

此次龙兴寺遗址的发掘引起大家对青州龙兴寺历史兴衰的关注。据清光绪版《益都县图志》记载：龙兴寺在府城西北隅。寺中旧有宋碑，金人刻其阴曰：宋元嘉二年 (425) 但呼佛堂。……北齐武平四年 (573) 赐额南阳寺。隋开皇元年 (581) 改曰长乐，又曰道藏。则天天授二年 (691) 改名大云。开元十八年 (730) 始号龙兴。宋元以来，代为名刹。明洪武初，拓地建齐藩，而寺址遂湮。

经过南北朝到隋唐的发展，龙兴寺已具相当大的规模，成为青州地区最大的寺院。日本名僧圆仁入唐求法时，就曾在龙兴寺居住。而龙兴寺又与青州城南的驼山、云门山石窟造像等形成当时山东佛教文化的一个中心。龙兴寺从兴建到被毁，已有近千年的历史，这批造像是龙兴寺前期造像风格的体现，也是我们研究山东地区佛教艺术极为珍贵的实物资料。

在龙兴寺出土的这批佛教造像中，部分造像有准确纪年，因此给我们断定这批佛教造像的时代有了依据。最早的有纪年的造像为北魏永安二年 (529) 的韩小华造像，最晚的有北宋天圣四年 (1026) 的准确记载。将这批造像的下限界定出来，使我们断定这批造像的相对年代，就有了一个准确的范围和依据。

一、青州龙兴寺窖藏佛教造像概况

龙兴寺佛教造像窖藏的发掘，因机械施工，窖藏上部地层已被铲平。从保留的局部地层分析，窖藏上部当有 150 厘米的晚期遗留土层，其中主要为较纯的黄土，系明朝初年增筑青州城墙所留。窖藏开口于原龙兴寺地面，系在生土中挖成。窖藏东西长 870 厘米，南北宽 680 厘米，面积近 60 平方米；窖藏中部有一由南向北长 630 厘米、宽 90 厘米的斜坡，该斜坡为生土，应为开挖窖藏时所留，目的是为运放石造像而设置。窖藏深 200 厘米，坑壁垂直，拐角明显，底部整修平整，内填花土，未经夯打（图一）。

窖藏内全为佛教造像。这些造像，均遭严重毁坏后埋进（被毁原因待考）。这些被毁的造像残件，仍排放有序，大致按上、中、下三层排列，摆入的造像均为东西向，厚 70 厘米左右。较完整的造像放置于窖藏中部，残碎的造像上部用较大的造像残件覆盖，陶、铁、泥质彩塑、木质造像置于坑底。有少量坐姿造像呈立式排放，各种头像存放于坑壁边缘，立式摆放的造像有高有低，方向不一，出土时顶部不在同一平面上，最高处为100厘米，造像顶部发现有席纹，证明造像掩埋之前曾用苇席覆盖（图二）。

窖藏中出土佛教造像质地不同，约有以下7种：

1. 石灰石造像为主体，约占石质造像的95%以上。所用石材均为青州产的石灰石。这种石灰石造像刻制极为精细。

2. 汉白玉造像数量较少，但刻制较精。

3. 花岗岩造像数量较少，为灰白色花岗岩，刻制较精。

4. 陶造像数量极少，且烧制火候较低，不便于提取和保存。

5. 铁造像数量极少。从型制分析，出土的铁造像均为有坛基的坐姿像。但形体较小，锈蚀严重，保存较差。

6. 泥塑造像均为彩塑，埋藏数量不少，但因掩埋时间较长，保存太差，难于清理出土（图三）。

7. 木质造像数量极少，且木质已朽，仅保存油漆残部。油漆方法是用三层麻布夹一层细布，在其上面施漆。

此次清理出土佛教造像的数量较大。经过简单拼对，计有佛头像153件（包括石灰石、汉白玉、花岗岩等），菩萨头像51件，带造像残身或半身造像头36件，其他头像10件。残头像个体仍无法统计，造像残身约二百余件（残缺严重者仍未统计）、残经幢3件。出土数量之大，在我国佛教考古史中实属罕见（图四）。

此次出土的佛教造像，品种较全，计有背屏式造像、单体圆雕佛像、单体圆雕菩萨造像、单体圆雕罗汉像、单体圆雕供养人像等。背屏式造像大小差异较大，最高者达310厘米，小的仅50厘米左右。其雕刻内容繁简有别，有一尊、三尊、五尊之分，其中以三尊造像最多，五尊造像最少。它们的整体造型复杂、准确：下部为主体造像，主体造像的二胁侍侧，刻有精细的飞龙，从龙嘴中吐出水柱，水柱顶端为莲茎、莲花、荷叶等，衬托出宽大的莲台，胁侍双足踩于莲台上，形成一组极活泼而又精美的造型。本尊像较为高大，成为突出的重点部位。顶部均为飞天和火焰纹：飞天有的手持乐器，有的捧物，有的托塔，身材苗条，体态轻盈，彩带飞飘；火焰纹有的刻成浅线后再上彩，有的直接彩绘，有的用黄金装饰，极为精美（图五）。

这些造像中，为数最多的是单体圆雕造像。其题材主要为佛、菩萨，也有少量的罗汉、供养人、天王等。在这些单体圆雕造像中，部分佛和菩萨头后有圆形佛光，也有部分头后有铁件，应为悬挂头光之用。

图一　窖藏土坑全景

图二　造像的放置情况

图三　彩塑罗汉头像残部

这些单体圆雕佛像，有的袈裟、长裙等垂纹遍身；有的身上则很简洁，无任何线条，仅用健美的肢体来表现。菩萨造像有的装饰极简；有的则周身披金佩玉，长裙、披帛折线多变，飘逸自然。这些均充分显示出当时雕刻技法的精细和高超。

更为珍贵的是，这批佛教造像大部分还保留着原来的彩绘和贴金。彩绘的颜色有朱砂、宝蓝、赭石、孔雀绿、黑、白等天然矿物质颜料。北齐时期的部分佛造像的袈裟上，甚至清晰地保留有各种颜色绘制的人物故事画面，即“法界人中像”，这部分北齐时期的“法界人中像”，是这次清理出土的极品。造像的贴金主要为佛像皮肤裸露部分。另外，菩萨像、供养人像、飞天、火焰纹、龙体、莲花等也有部分贴金装饰，其中有几件造像的贴金至今仍保存完整，实属少见。

二、青州龙兴寺佛教造像的艺术特色

青州龙兴寺窖藏佛教造像出土以后，立即引起了强烈的反响。它们那变化多端的造像风格，各具特色的人物造型，惟妙惟肖的面部神态，都为我们展现出一种特殊的佛教造像艺术特征。为充分说明这些特征，我们将从以下几点来进行探讨。

（一）精美的石雕工艺

龙兴寺出土的这批佛教造像，百分之九十五以上为青州出产的石灰石。这种石灰石，质地细腻，硬度适中，易于雕刻。青州地区有着传统的石雕工艺技术，1979 年在青州城西南发现的高近三米的东汉“坐姿胡俑”，则是东汉时期圆雕艺术的佼佼者。这件坐姿胡俑面部较长，眉间突出，深目高鼻，头戴尖帽，帽边饰一周穿璧纹，身着紧身窄袖衫，双手交于胸前，腰带饰一周

图四　出土佛教造像整理工作现场

图五　北魏晚期—东魏 背屏式佛菩萨三尊造像

图六　东汉　坐姿胡俑

穿璧纹，下穿紧腿裤，双膝并拢，两脚压于臀下，脚心向后，坐于石座之上，其头部雕刻细致，神态逼真，身躯较为粗犷，背部较为平整。它的雕刻技法和形象的刻画，已经达到较高的水平。由此可以证明，青州地区有着极高的石雕工艺传统（图六）。

龙兴寺出土的窖藏佛教造佛，正是在我国古代石雕艺术的基础上，吸收了外来文化的精华而创作出的一批佛教艺术精品。

佛像的雕刻特点

龙兴寺出土的这批佛教造像，以佛的数量最多。而这些佛的雕刻题材中，又以释迦造像为主，并有少量的弥勒造像。

约公元前 530 年前后，古印度北部迦毗罗卫国（今尼泊尔境内）释迦族贵族净饭王之子悉达多，抛弃了王位、财富，离开父母妻子，只带着侍从车匿，骑着白马，到深山旷野去追求痛苦的解脱与人生的真谛。最后，他在菩提伽耶一棵菩提树下跏趺而坐，经过燃灯佛的指点大彻大悟而“成佛”，开始创立佛教。释迦牟尼逝世以后，信奉佛教的地区开始制作佛像，进行供奉。

东汉时期，佛教传入我国，经南北朝时期的快速发展，到唐朝达到高峰。青州龙兴寺窖藏出土的这批佛像，主要集中在北魏末年至北齐时期，其中尤以东魏、北齐时期的造像居多，而且最为重要。

北魏末年到东魏，是青州佛教的大发展时期。这时的佛教艺术作品，可以说最能反映地区的差异。此时，青州地区佛像肉髻为细且高的形状，这种细高形的髻在佛像头顶极为突出。佛像的面目清瘦，弯眉，丹凤式眼半睁，鼻呈蒜头状，小嘴上翘，双耳肥大。这一切，将那带有童稚之气，但又亲切自然的面部刻画得栩栩如生。这些面孔永远是微笑着面对人间，宛如有什么话要对人们讲述（图七）。佛像的袈裟有所变化，即从早期的褒衣博带式至东魏不见博带，袈裟的甩边与下摆从北魏晚期的外侈而变化成基本上不向外侈，垂纹也逐渐变少，变浅。佛的前胸较为扁平，到东魏时逐渐凸出。以上的这些特征，也就是这些佛像从北魏晚期到东魏的一个发展演变过程。

北齐，佛像基本上为单体圆雕。从这一时期的二百余尊单体圆雕佛像分析，可以归纳出两种类型：一类是身上有凸棱垂纹袈裟的佛像，它们面部较长，额部较平，眼微睁，鼻上部略凹，鼻梁平直，袈裟垂纹成二行下垂，在下身显出双腿；另一类是穿浅线袈裟的佛像，身上无任何线条，仅有肢体突出部位表现其身材，这种雕刻技法，为北齐时期我国佛教造像雕刻的一种标准式样，而这种式样的佛头像，多为面部呈圆形，头顶部略尖，额较圆，鼻梁从额中直下并略带弧形，双眼微睁，颧骨较矮，嘴较小，下颌较突出，双耳下垂，窄且长，五官较为集中，其形象与新疆克孜尔石窟中壁画的佛像十分相似。

值得注意的是，北齐时，青州出现一种袈裟和长裙紧贴在身上，露出极美身材的佛像作品。这种富有动感、健美而又具有生命力的作品，称得上是北齐时期佛教造像艺术的精品佳作。另外，此时青州佛教造像出现了极为少见的“卢舍那法界人中像”。这种法界人中像有雕刻和彩绘两种，特别是彩绘的法界人中像，构图别致，线条流畅，设色考究，保存完好，为研究我国佛教艺术、雕塑艺术、绘画艺术等都具有极其珍贵的价值，被称为此次发掘出土的极品而备受专家、学者的重视。

千姿百态的菩萨雕像

菩萨，作为佛的胁侍，都离不开佛的左右，是佛教造像中不可缺少的雕像。这些菩萨像，比佛像的程式化要少，往往都雕刻得极为精美，有一些可以认为是当时现实生活中人物的再现。因此，这些菩萨像有着十分重要的艺术价值和研究价值。

北朝时期的菩萨，从用缯带束发，发展为头戴极为精细的宝冠，额前留发由中分式到留成五个圆形发饰和多种形式的发饰；

图七 北魏晚期 佛造像

面相从清瘦，逐步发展成丰满；眼睛由凤眼半睁到柳眼微睁；由面部童稚气较重到逐渐成熟、稳重。这一系列头部的发展变化，以及那种能表达内心世界的眼神和那甜蜜的微笑，都被雕刻得出神入化，生动逼真，使人们一看到它就好像是见到久别重逢的知己。这种极高的艺术表现手法，是以往佛教艺术品很少见到的。

菩萨的项圈是必须有的装饰品，而这批菩萨的项圈可以说精美而别致。北魏晚期，项圈多为较简单的圆轮状，有些在下边有一箭头状的小坠；之后，小坠逐渐加大，变得复杂化，成为小圆坠加花纹图像；至北齐时，出现大联珠上坠瑞兽头，兽头嘴吐出多个花蕊和小联珠的极为复杂而精美的项圈。

除项圈以外，菩萨雕像非常着重装饰。菩萨的双肩上有从耳后垂下黑发上的圆形饰物和束发长带；双肩的披帛交叉垂至膝间，再卷至双肘，然后飘然垂下；似玉米状的璎珞分两股下垂，在腹部连于璧上，然后下垂至腿间再上卷，璎珞均用胜和珊瑚连接；裙带有的系成蝴蝶结，有的上面刻出精细的图案；身上挂玉佩；腕上带圆镯；手中执莲蕾、宝瓶、桃形饰件等等。这些装饰，完全反映出它们的时代特征：北魏时期的菩萨没有璎珞、玉佩、圆镯，裙带没有饰物，仅有一圆形项圈，披帛从双肩飘飞而下，于膝间交叉上卷至肘部，然后飘然下垂，菩萨双手执瓶、莲蕾及桃形饰物。东魏时，菩萨的装饰变得十分复杂，它们有各种式样的项圈，有精细的璎珞，有连接璎珞的大型圆璧，有含苞待放的荷蕾和其他饰物，这些装饰物再配上曲折多变的裙折和裙摆，以及那开始出现曲线美的身材，使这些菩萨活灵活现地展现在世人面前。北齐时期菩萨的装饰在东魏菩萨的基础上，又出现刻有精美图案的宽博裙带，手腕上出现圆镯，有的手臂上出现臂钏，腰间除裙带及璎珞外，还佩挂有多条串饰，且这些装饰品都用黄金等色彩绘，其富丽堂皇的程度不亚于宫廷中的贵人。特别值得一提的是，北齐时的菩萨造像已经在体型上出现了曲线美，有些还显现“出水芙蓉”的艺术风格。这一切，都为唐朝时期佛教造像的发展奠定了坚实的基础（图八）。

呼之欲出的飞天

飞天，是佛教艺术中一种不受拘限的艺术形象。

龙兴寺佛教造像上的飞天或奏乐歌舞，或执供品、托塔，雕刻有自己的特点：较早的为线刻，偏晚的为浮雕，到东魏中期则变成高浮雕，并有局部透雕。这些飞天，头梳高髻，且多为双髻，其面相都极为清秀，弯眉凤眼，嘴角上翘露出甜美的微笑。它们上身袒露，下穿长裙，彩带从双肩经双肘向上飞飘，动感极强，再配上弯曲的身躯和露出的双足，给人以极强的美感。

这些飞天中，舞蹈飞天均为二名，它们舒展长袖，翩翩起舞，舞姿极为优美而自然，再配上面部甜美的微笑，给人一种百看不烦的艺术享受。而演奏飞天则各司其职，它们所执乐器有：腰鼓、钹、筝、阮咸、琵琶、箜篌、芦笙、排箫、长箫、横笛等十余种，这些管弦乐器的演奏者们，用那娴熟的技巧，演奏出丝竹声声，再配上她们那优美、潇洒的身姿，真能使人们产生身在极乐世界的幻觉。在这些伎乐飞天之上，有一座精美的宝塔和二至四名托塔飞天。众所周知，佛教中的宝塔是用来存放佛教徒遗骨的场所，而这些背屏式造像的顶部，除少数几尊为佛像外，一般都为一座精细的宝塔，在宝塔周围，有托塔飞天，她们多为侧身，但有不少身体倒悬，有几件还从塔底钻出，其姿态优美，表情动人。而所托之宝塔，均为方形、单层，顶为覆钵形，上有刹杆，塔周围用莲花、荷叶、莲蕾等装饰，使这座佛塔显得既精致又美观（图九、图十）。

综观背屏式造像顶部，在佛、菩萨头光之上为熊熊烈火，而烈火之上，则又是一个极乐世界，这里佛塔林立，丝竹声声，舞姿迷人，只有欢乐而没有烦恼。这种世界，就是佛教提倡经过痛苦修炼才能达到的西方极乐世界。要达到这一境界，必须有赴汤蹈火的决心。这种境界被描绘、刻画得如此精彩动人，让人向往，这才是佛教所宣扬的真谛，也才是佛教极乐世界的比较

图八　北齐　菩萨造像

具体的体现。

生动活泼的护法龙和多姿多彩的荷莲

龙，是中华民族的骄傲，因为在远古时期，我们的祖先创造出了一种并不存在，而又极为神秘和威力无穷的动物，并说华夏子孙都是它的传人。从此，华夏五千年的文明处处都有龙的存在。佛教是从印度传入的，似乎与龙没有什么联系，但到了南北朝佛教的发展时期，龙在佛教中也有了立足之地，并越来越显示出它们那无穷的威力。

莲荷，是一种自然生长的植物，它以“出淤泥而不染”在中国备受欢迎。据传悉达多在菩提树下跏趺修行，大彻大悟而“成佛”时，菩提树旁有二朵莲花盛开，荷莲与佛教结下了不解之缘，并被作为佛教特有的吉祥物而广泛采用。

在龙兴寺出土的这批佛教造像中，背屏式造像上都有龙、荷莲的形象出现，从这些龙和荷莲形象的变化之中，我们可以看出这批背屏式造像发展演变的过程。

北魏晚期，龙的形象被刻在背屏式造像的顶部，成为一尊在天空翱翔的天龙形象，或者为佛及太子悉达多作为乘驾的工具即“佛乘龙”的形象。此时的莲花则为本尊和胁侍的基座图形。不久，从本尊袈裟下摆两侧钻出两个龙头的形象，这两个龙头嘴中吐出水柱直托住胁侍踩着的莲台基座。在这种背屏式造像的顶部，有部分还保留有龙的形象。最后，龙的形象已经将全部身躯显露出来，但只是夸张龙的四足，而龙尾则较细较短。此时，荷莲也从胁侍基座单式莲台变得复杂，即在莲台外侧刻上荷叶、莲花、莲茎等，并在方塔、本尊背光的外侧出现荷莲图案。

北魏末至东魏，是青州地区龙和荷莲的雕刻发展到成熟的时期。此时，龙不仅仅只是强调它的头部，更注重它矫健的身躯：头部多为侧视，这样，龙的长须、长嘴、圆眼等刻画得细致得体；龙身较为粗壮，身上有鳞；龙的四足极为健壮，每足为三爪，有屈有伸；龙尾较细长，似蛇，长尾有时弯曲向上，有时缠绕龙腿。这些龙均倒悬在本尊与胁侍之间，面向胁侍。龙嘴均张得很大，从嘴内吐出水柱，托着那一串极为精细的荷莲装饰雕刻。每个莲茎之上的莲叶、莲花、莲蕾等，均对称或变形的组合于胁侍脚下的莲台周围。荷叶有正视、侧视、反视等多视角的艺术效果。莲花有盛开、半开、含苞欲放等形象。不管是什么形象，它们都是为胁侍基座而设置。这样由龙、莲等组成的胁侍基座，既生动活泼，又不失佛教的庄重，是以往很少见的艺术形象（图十一、图十二）。

荷莲除装饰胁侍基座之外，在佛塔周围也用其装饰，有的胁侍菩萨手中也执一朵含苞欲放的莲花。

（二）精细的彩绘贴金工艺

龙兴寺出土的佛教造像，有一个与众不同的特色，就是造像绝大部分保留彩绘贴金工艺，这在以往的佛教艺术考古中极为少见。这些彩绘的颜色，从外表观察，为粉状的矿物质。经过一千余年，原有黏合这些颜色的黏合剂已经失效，所以，这些颜色极难保存。在有关专家的指导下，经过多年的辛勤工作，我们已将这些颜色全部清理出，并全部保存住。

彩绘的内容和制作特点

龙兴寺出土的佛教造像，在石质材料雕刻成功以后，又经过了仔细的彩绘。彩绘造像的颜料主要有朱砂红、孔雀蓝、石绿、赭石、黑、白等原色和调制的肉色等。这些颜料本为矿石，经过研磨形成粉状颗粒，再用黏合剂调配后使用。

这些经过精心彩绘的石造像，有如下特色：

佛像的彩绘：佛，是造像中的至高无上者，它们被雕刻得身材高大，形象逼真，再加上精细的彩绘工艺，使这些佛像既庄重又可亲。佛的皮肤裸露部分均贴金箔，而螺髻和卷发则用孔雀蓝彩绘，眼珠用黑色描出，唇部用朱砂红涂抹，袈裟用石绿绘出边框，中间填上朱砂红，袈裟边用孔雀蓝绘出，僧祇支、长裙用绿、赭石等色彩绘。这样，一尊金装的佛像就彩绘完毕（图十三）。到北齐时期，出现了佛像身上无任何线条的造像，这种造像，完全用彩绘来进行表现，有的甚至在袈裟上绘制出成组的人物故事。这种有人物画像的造像，我们还要单独介绍。北齐时期，佛像彩绘完全抛弃北魏至东魏那种按所刻造像的不同部位进行彩绘的做法，而不管袈裟有无垂线，彩绘都按标准画框、施彩。唐宋时期，出土造像较少，彩绘仅有局部保留，没有什么特别的内容和制作特点。

菩萨造像的彩绘：菩萨的彩绘比较活泼。经过彩绘，这些笑容可掬的菩萨，更活灵活现地展现在世人面前，通过那一双双能表达情感的眼睛，使世人相信它就是救世主，因而纷纷拜倒在它们的脚下，请求“菩萨保佑”。这些菩萨有墨黑或蓝色的、变化多端的发型，贴金描绿的缯带；有贴金涂红、描绿的高冠；有白嫩的皮肤，黑或蓝的弯眉，黑眼珠，红唇；有红或绿色的披帛、贴金的项圈、璎珞、手钏，有绿、红、贴金等单色或多色的长裙等等。再配以贴金、描红的饰件，那一尊尊菩萨如同一个个艳丽多姿的真实人物形象，具有富贵、高雅的气质。这种精心彩绘的造像，确能起震撼人心的艺术效果（图十四）。

飞天、护法龙等的彩绘：背屏式造像除了佛与菩萨的彩绘以外，其他的彩绘则显得更为重要。这些飞天、护法龙、荷莲、方塔及本尊头后的火焰纹、头光、身光的彩绘也是十分精细。飞天彩绘均为黑发、黑眉和黑眼，上身肤色白嫩，彩带和长裙分别为绿、红色；护法龙多用黄金装饰，也用红、黑来勾画，如鳞片是在贴金上面用黑线勾画而成，显得十分生动而逼真；荷莲彩绘主要为绿叶、红花，龙嘴吐出的水柱用蓝色；方塔多为红色，佛龛多贴金，护塔的饰件多为绿、红等色，头光、身光是在

图九　北魏晚期—东魏　托塔飞天

图十　东魏—北齐　伎乐飞天

雕刻出来的图案上，用红、绿、蓝、赭石、白等色彩绘。头光与飞天之间大片空间的火焰纹，彩绘效果极强，这些火焰纹早期还用浅线刻出图案，在图案上进行彩绘，晚期则直接在磨制好的平面上彩绘，这样可使彩绘者更好地发挥自己的想象力，将那一团团熊熊燃烧的烈火，用黑、蓝、白、黄金等色勾画得极为形象逼真，达到极佳的艺术效果。

这些彩绘的制作方法为先用黑线勾画，然后敷彩，只是有黄金粘贴工艺时，才在黄金粘好后用黑线勾出图形而形成画面，而黄金上面的黑线到现在仍保存得极为完整，是十分难得的。

卢舍那法界人中像的价值

此次龙兴寺出土的佛教造像中，有几尊造像的袈裟上画有许多人物故事，这就是极为珍贵的“卢舍那法界人中像”。

卢舍那法界人中像，在以往出土的造像资料中有明确的记录，如《金石萃编》卷三十三《道造像记》：“大齐天保十年(559)七月十五日比丘道敬造卢舍那法界人中像一躯。”根据现有的研究成果，此种像确实存在，但极为稀少，现存多为石窟的壁画、雕刻，而在单体圆雕佛像袈裟上绘制则更为珍贵。这种人中像上绘制的为六道图，即：胸部以上须弥山顶画着忉利天宫，上方左右安排佛、飞天（天上界）；须弥山前面画着双手高举日月的阿修罗（阿修罗界）；下方是并列的山岳、房舍，穿各式衣服的人物（人间界）；再下方是半裸体人物（饿鬼界）、鸟兽（畜生界）等散布在树木之中；最下段的袈裟下摆上是狂奔悲号的裸体人物与狱鬼（地狱界）。而这种在单体圆雕佛像袈裟上绘制六道图的造像，仅见于台北故宫博物院出版的《雕塑别藏》一书图二十九。在图版说明中，作者介绍：“本件作品头虽残，然彩绘保存完好，甚为难能可贵。佛正面和背面均各分为三直条五横格，正面中央最上第一格绘坐佛，两肩略低的最上第一格绘飞天，右侧第一层绘二菩萨，背面中央第四格描写地狱，最下第五格饿

图十一　北魏晚期—东魏 龙 荷莲

图十二　东魏 龙 荷莲

图十三　东魏 贴金彩绘佛像

图十四　北魏晚期—东魏 贴金彩绘菩萨

图十五　北齐 卢舍那法界人中像

鬼不支倒地，所描写的是六道。”

青州龙兴寺出土的这几尊法界人中像，也和台湾那尊构图一样，且画面保存得更为清晰。从这些画面中，我们可以看出这尊法界人中像作者的水平。下面以右肩部三个波斯人的形象为例（图十五），加以说明：这幅在袈裟红色大框格拐角处的画面，绘出高5.5厘米的三个人物，因框格局限，右侧一人仅露出上半身。此三人黑色长发，中间及右侧二人长发披肩，左侧一人头戴高冠，左侧和中间二人黑色长胡须，用黑色描绘出眉、眼、鼻、嘴。它们均穿对襟长袍，长袍分着绿色和黄色，腰间系带，着黑色高筒皮靴。此三人均为深目钩鼻，头发和胡须卷曲，为波斯人的形象。这样精彩的画面，以往的佛教考古从未见过。这些介绍，完全能够说明龙兴寺佛教造像的价值，也可以证明，龙兴寺在当时是“东方之甲寺”（北齐武平四年临淮王像碑碑文语），只有这东方之甲寺，才有充足的物力、财力和技艺制作这样精致而贵重的佛像。因此，这几尊卢舍那法界人中像应该成为我国佛教艺术的极品。

其实，这种绘画技术，在北齐以前就已经存在。在龙兴寺同时出土的造像中，有一尊东魏天平三年(536)智明造像，在其碑侧绘制有四尊僧人形象，这四尊僧人高20厘米，皮肤肉色，蓝色红色的僧祇支和袈裟，僧人的浓眉，细长眼、小鼻，小嘴均用赭色绘出。这四尊僧人画像构图别致，线条流畅，设色考究，保存完整，是极为珍贵的资料。

从以上资料可以看出，卢舍那法界人中像在青州出现不是偶然的。它们的出土和保存下来应该说是一件幸事。

精细的黄金加工工艺

“人要衣装，佛要金装”，这是我国民间的一句俗话，这句话说出了龙兴寺出土的这批佛教造像的一个特点——贴金。这批佛教造像的贴金，是一种较高档次的装饰手段，它可分为佛的贴金、菩萨的装饰品贴金和其他的贴金。

佛的贴金主要为皮肤裸露部分，即面部和颈部、双手、双足，也有袒右肩造像的胸部，而袈裟上则很少用黄金装饰。佛的面部贴金以后，再将眼珠描成黑色，嘴唇涂成红色即可。现在，有几尊造像的头部和胸部贴金几乎全部保留，更是不可多得的珍品。佛像的袈裟上用黄金装饰较少，但却极为精致。有一尊北齐的佛像袈裟的框格是用0.5毫米的金丝，用錾金的技术制作而成。这些金丝被錾成直线、三角形、菱形等图案，组成精致的花纹带，镶嵌在佛像的袈裟上。因此，更显得黄金工艺的高超和此件文物的珍贵。

菩萨的肤色均为彩绘，因此菩萨的黄金加工工艺主要为装饰品。璎珞、项圈等大宗饰件均为黄金贴出，而缯带、高冠、发饰、披帛、长裙等也都有部分贴金装饰。

图十六　北齐 思惟菩萨

这些菩萨的贴金用量不一定很大，但与绿、蓝、红等色有机的配合，也能达到极精的艺术效果。如北齐思惟菩萨的头部，高冠的主要部分贴金，而高冠的底色用红，并在红色上用黄色绘制图案，使整个高冠既有统一的基调，又突出黄金的珍贵，而高冠两侧的缯带则用绿底，黄金贴出折纹，再配上面部肤色，中分的黑色、红唇、黑胡须等，将这件思惟菩萨修饰得华丽而典雅（图十六）。

其他的装饰件主要为龙体、飞天、方塔、火焰纹等，也用黄金装饰。这几种装饰件中，以龙体用金量最大，因使其真正成为一条金龙。前面，我们曾介绍卢舍那法界人中像，有一尊法界人中像的个别画面是用黄金颜料绘制。如沙漠之舟的骆驼用黄金勾画出形态后，再用黑线画出头部及驼毛；树木用黄金勾画出树冠后，再用黑线画出树叶。这些画面，我们用“金光闪闪”来形容并不夸张。

（三）石雕与彩绘工艺的完美结合

众所周知，以往发现南北朝的彩绘作品多为壁画，如敦煌莫高窟、新疆克孜尔石窟、崔芬墓、娄睿墓等，这批精美的壁画，为我国的美术史提供了极为珍贵的实物资料，被专家们称颂、临摹。这些壁画都绘于墙壁、墓壁，画面多在石灰抹成的平面上。有些佛教作品，如大足石窟、寺院的彩绘泥塑、木雕等，也多为晚期彩绘。以前发现的石质造像（包括传世的作品）均无颜色保留，故这些佛教造像在人们研究时，仅仅注意形制、神态，并根据这些素材来评价每件造像的年代、特点。而龙兴寺这批带有贴金、彩绘造像的面世，说明了以往发现的石质造像本应有颜色彩绘，只因时间太久，这些颜色已经风化而不复存在。因此，研究保护好龙兴寺出土的这批贴金彩绘石造像，也就显得更加重要。

龙兴寺出土的这批佛教造像，显露出了一种非常独特的个性。那造像面部的清瘦和秀丽，那反映内心世界的甜蜜的微笑，那简洁的衣折和飘逸的衣裙，那精美的佛塔，那一条条活灵活现的护法龙，那盛开、含苞欲放的莲花，以及写实的荷叶等等，都表现出与传统的北朝造像不同的一种艺术特色。这些艺术特色，我们可以认定是一种地方性的特色，即以青州为中心的山东北半部的地方性特色，所以我们称其为青州地区特色。这种特色的形成，有一个完整的发展过程：青州，在北魏初期的近半个世纪属南朝宋统治，而沿黄海、东海一带自古就有一种特殊的文化交往，这种交往甚至影响到现在。因此，我们认为青州地区的这一独有的地方特色，保存了不少南方文化的因素，如“秀骨清像”和“曹衣出水”等，在这里都有明显的体现。

青州龙兴寺石雕佛像精美绝伦，彩绘技艺也实属罕见，这两者有机的结合，使这批艺术精品锦上添花。

远在一千四百多年前，青州就出现这种栩栩如生、呼之欲出的精美造像，实在令人惊叹不已。我们为祖国如此瑰丽丰富的艺术遗产而自豪。

执笔：夏名采

佛造像各部位名称

菩萨造像各部位名称

手 势

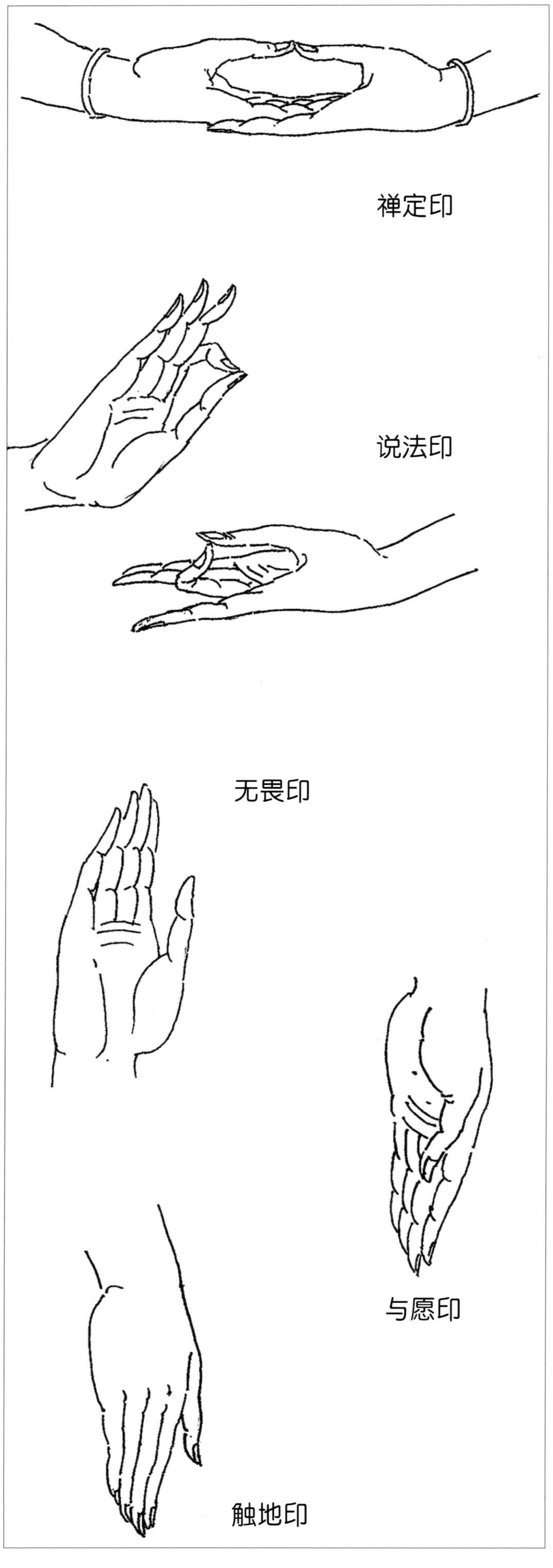

背屏式佛菩萨三尊造像
Buddha Triads
背光式仏菩萨三尊造像

背屏式佛菩萨三尊造像

常　青

佛教传入中国以后，东汉、三国、西晋时期的佛像都是单身的，东晋十六国时期有了一佛二菩萨的组合形式。现存于甘肃永靖炳灵寺石窟第 169 窟中的西秦建弘元年 (420) 造的阿弥陀佛与观世音、大势至菩萨像，即为中国现存纪年最早的一佛二菩萨组合形式。大约与此同时，甘肃西部原北凉国领地的张掖与酒泉地区，还发现了一佛二弟子与一佛一弟子一菩萨的组合彩塑。到了北魏晚期定都洛阳的时代，发展定型为一佛二弟子二菩萨，而在龛外或窟门外雕刻二力士形象，有的还在佛座下两侧加入二狮子，北魏宣武帝为孝文帝及皇后造的洛阳龙门石窟宾阳中洞即为其中的代表作。到了唐代，佛说法的组合式造像又发展为一佛二弟子二菩萨二天王二力士二狮子，这是最多的主尊与胁侍的组合方式，并为唐代以后所沿用。但在中国佛教发展的两千年间，最小的佛说法形象组合，即一佛二菩萨或一佛二弟子，自始至终都存在着。青州龙兴寺出土的背屏式佛说法雕刻以北魏、东魏、北齐时期为主，当时已经出现了较为先进的组合形式，但这里却均表现为简单的一佛二菩萨，反映着青州地区造像在组合方面的选择。

龙兴寺出土的所谓背屏式造像，并非有真正的背屏，而是以石刻背屏的形式反映佛、菩萨身后的身光，从视觉上看就很像竖立在他们身后的背屏。背屏式造像起源于印度，在中国制作大约开始于 5 世纪上半叶。佛和佛教世界里的众神周身会放射出光芒，这是不同于我们凡人的重要标志之一。背屏的表面一般以刻或绘的形式表现出佛的圆形头光与椭圆形背光，以及二菩萨的圆形头光，而整个背屏的形制则表现为尖拱的桃形，呈一向上的火焰形状。为了使背屏更富于装饰性，以及更多地反映佛国世界的内容，在有的造像背屏上部边沿，还以浮雕的形式刻出伎乐天共托一塔，或在伎乐天的中间刻一舞龙及化佛，都呈上弧形分布。将飞天伎乐加入佛的说法场面，早在十六国时期就已出现，用中国传统的龙形象作为佛教的护法，也普遍流行于北魏龙门石窟之间，这些都是龙兴寺造像对传统艺术的继承。这里的飞天与龙都属于佛的护法——天龙八部，飞天代表了八部护法中的乐神乾达婆与歌神紧那罗。

这批背屏式造像在佛与菩萨的台座处理上也有一定的规律：一种是佛和菩萨各站一莲花台；一种是从佛的莲台两侧各伸出一朵长茎仰莲，成为二胁侍菩萨的台座；最具有代表性的则是在佛的身体下部两侧各刻一飞舞的龙，从龙的嘴里分别向左右两侧吐出一朵带荷叶的莲花，形成二胁侍菩萨的台座，既具有装饰意味，又极具艺术的表现魅力，同时又巧妙地符合了佛经中的记载，使中国化的龙，成为中国化的佛教艺术中的护法形象。

这批背屏式佛三尊像有铭文题记的不多，从现存有限的题刻来看，主要题材为释迦与弥勒佛，在发愿中还提到了“愿托生西方静佛境界”、“直生西方无量寿国”的心愿，这与当时南北朝佛教界流行的释迦、弥勒、无量寿佛等大乘佛教信仰是一致的，均来源于姚秦鸠摩罗什翻译的《弥勒下生经》、《阿弥陀经》等大乘佛教经典。

图 1　北魏永安二年　韩小华造弥勒像　石灰石质　通高 55 厘米

这铺造像是十分典型的北魏孝文帝汉化改制以后的风格，表现出了鲜明的汉族士大夫所欣赏的精神风貌。佛和菩萨的面相都具有清秀的特征，虽然还穿着北魏晚期传统的褒衣博带装与宽大的帔帛交叉服饰，并略显厚重，但体型已经开始趋向于丰满了。佛和菩萨的足下各踏一个宝装覆莲台，头后都浮雕出圆形的莲花。它们的身后没有刻出身光，估计原来的身光应该是绘制出的。佛和菩萨身后刻出了统一的尖拱火焰形身光，在身光的后部两侧，分别刻出丰面含笑的半身日神和月神像，它们分别向外侧一手托着太阳与月亮。在统一的台座表面中央，是线刻的化生童子双手承托香炉，童子两侧还分别线刻一蹲狮，为侧面，但头部为正面向，一前肢抬起。

与龙兴寺出土的其他同类造像相比，它是比较特别的一铺。从题记可知，这铺造像中的主尊是未来的弥勒佛，当在未来世界下生人间成佛，其思想来源于鸠摩罗什译的《弥勒下生经》。

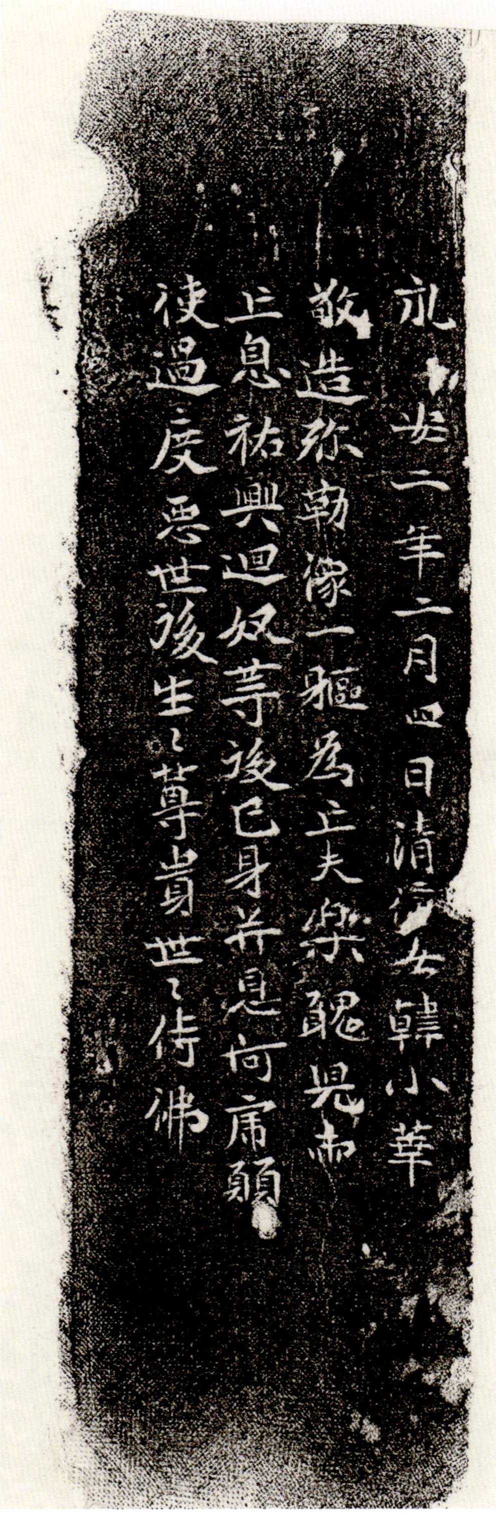

左侧碑刻拓片

图 2
北魏永安二年
韩小华造弥勒像
主尊弥勒像

图 3
北魏永安二年
韩小华造弥勒像
右胁侍

图 4
北魏永安二年
韩小华造弥勒像
左胁侍

基座正面碑刻拓片

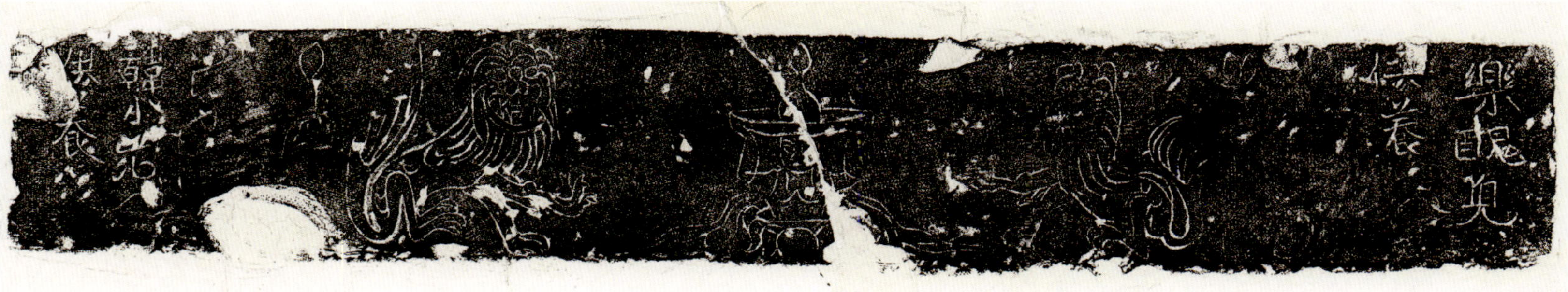

图 5　日神

韩小华造弥勒像背光外日、月天神

图 6　月神

图7　北魏永安三年　贾淑姿造佛菩萨三尊像　石灰石质　通高54.5厘米

这铺造像在总体构思上与永安二年韩小华造像相似，在佛、菩萨的服装与头后莲花装饰方面也大体相同。但这三尊像在服装的细部刻画上已经开始简化了，很少在服装表面刻衣纹，体型也较韩小华造像明显地丰满了。最令人瞩目的是它们的面部，我们已经基本看不到北魏传统的秀骨清像特征了。因此，对于研究北魏以后丰满造像在中国的发展，是很珍贵的实物资料。

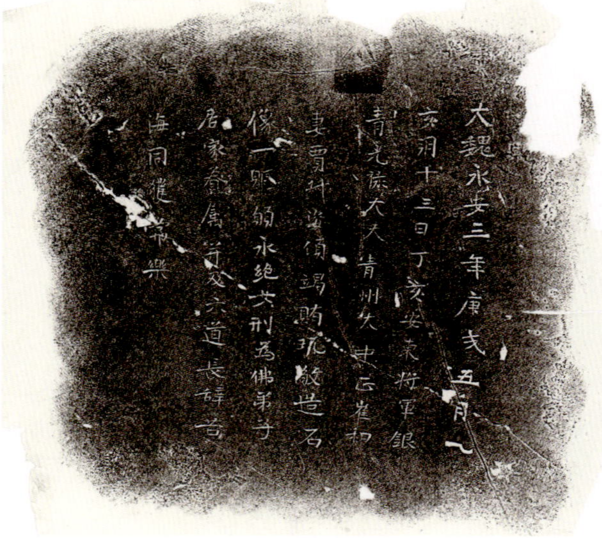

背面碑刻拓片

图 8

北魏永安三年

贾淑姿造像菩萨三尊像

主尊像

图 9　北魏太昌元年　比丘尼惠照造弥勒像　石灰石质　通高 51 厘米

佛与菩萨的身体已残，但仍可看出其中典型的秀骨清像风格，服装也是传统的北魏样式——褒衣博带装等。主佛身后有圆形的头光与椭圆背光，在头光的内匝是浮雕圆形莲花，最外匝为波状连续的忍冬纹带。菩萨头后为圆形素面头光。三像的上部有四身当空飞舞的飞天，动作潇洒，表情喜悦。飞天的中央是一条舞龙，龙的上方有一尊用荷叶与莲花承托着的化佛。整体构思精巧和谐，动静相融。

从题记可知，主尊为佛教未来世界的弥勒佛，应是弥勒下乞人间的形象。

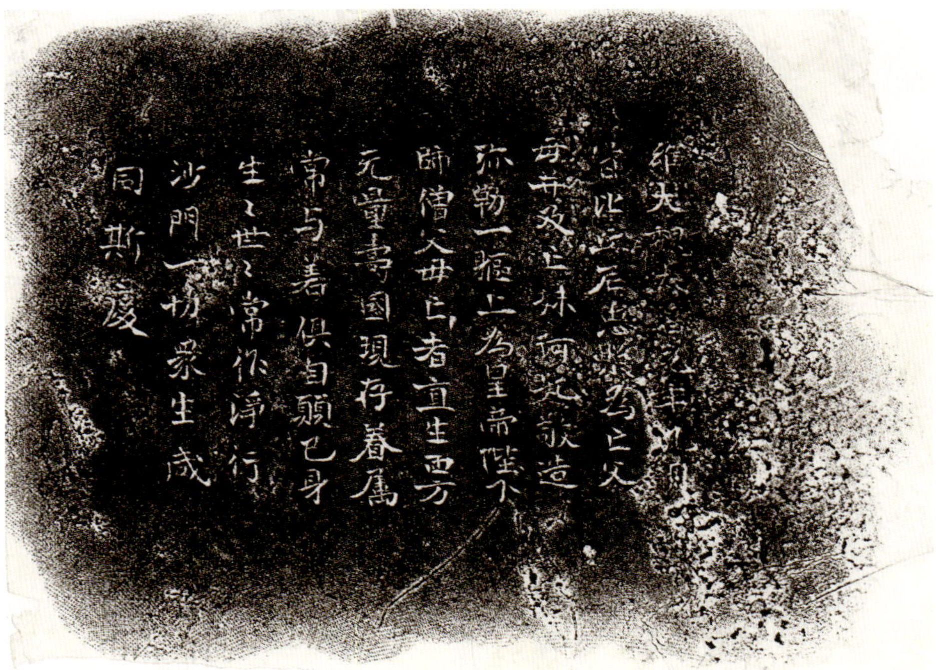

背面碑刻拓片

图 10
北魏晚期
背屏式释迦造像
贴金彩绘
石灰石质
通高 83 厘米

背面碑刻拓片

图 11　北魏晚期 背屏式佛菩萨三尊造像 贴金彩绘 石灰石质 通高 113 厘米

这铺造像的火焰尖拱形身光已残，主尊立佛双足下踏圆形仰莲台，由该莲台的两侧分别向两侧伸出一长茎仰莲，莲上承托胁侍立菩萨。主佛的肉髻与发髻表面刻着水涡纹，头部略下低，面相清秀，表情和悦，双肩下削，但体型已显丰满。佛像穿着褒衣博带式大衣，施无畏、与愿印，衣纹为减地式的阴刻突棱状，比较特别。二菩萨像头顶束高发髻，面相清秀，体型显得瘦弱，宽肩式的帔帛在双膝处交叉，表面不刻衣纹。这三尊像的表面保存有较多的贴金与彩绘，而主佛身后的头光与背光，菩萨身后的头光，就是用雕刻与彩绘相结合的方式制作成的。

图 12　北魏晚期　背屏式佛菩萨三尊造像主尊像

图 13
北魏晚期
背屏式佛菩萨三尊造像
左胁侍

图 14　北魏晚期　背屏式佛立像　贴金彩绘　石灰石质　通高 121.5 厘米

佛像磨光高肉髻，面带微笑，着褒衣博带式袈裟，衣纹较少，下摆外展，上施红彩。头光中心为浮雕莲瓣，外围浅线刻数匝同心圆，施有彩绘。头光和身光最外层均为浅线刻忍冬纹带。舟形背光上部高浮雕出六身供养飞天，顶端两飞天同持一带座宝瓶。飞天裸上身，戴项圈，下身着红色长裙，身体弯曲成直角状在空中飞舞，显得灵巧轻盈。

图 15　北魏晚期 背屏式佛菩萨三尊造像 贴金彩绘 石灰石质 通高 143 厘米

图 16　北魏晚期 背屏式佛菩萨三尊造像主尊像

图 17　北魏晚期 背屏式佛菩萨三尊造像左胁侍

图 18　北魏晚期—东魏　背屏式佛菩萨三尊造像　彩绘　石灰石质　通高 55 厘米

这铺造像很有可能晚至东魏时期，但总体的风格仍是北魏传统的秀骨清像式，特别是佛、菩萨的体态显出异常瘦弱与腹部前挺的动作特点。菩萨的服饰属于北魏晚期样式，佛穿双领下垂式袈裟，露出了内部的僧祇支。腹前的衣纹，呈向上的圆弧形，平行分布，则是较北魏晚期传统服装先进的一面。二菩萨所站立的长茎莲台分别由两条龙的口中吐出，这两条龙显得异常矫健，充满动感，与佛、菩萨宁静的内心世界形成了鲜明的对比。

图 19　北魏晚期—东魏 背屏式佛菩萨三尊造像 贴金彩绘 石灰石质 通高 74.5 厘米

这铺一佛二菩萨像体现着较多的北魏传统风格，即清秀潇洒的审美情趣。主佛着褒衣博带装，面相长圆清秀，表情喜悦，较厚重的大衣表面刻着阴刻线衣纹。二菩萨像所着为传统的北魏晚期样式，服饰繁复，并有右袒式的僧祇支，反映了汉族士大夫的审美时尚在菩萨像身上的艺术表现。主佛的身下两侧各有一条龙，口中分别向两侧吐出荷叶与莲花，承托着胁侍立菩萨。三像的上方有八身飞天呈弧形当空飞舞着，采用左右对称的构图形式。最上方的二飞天双手托着一座亭阁式覆钵塔，其余六身飞天的手中持着箜篌、笙、排箫、钹等乐器，烘托出欢乐和谐的气氛。

图 20　北魏晚期—东魏　背屏式佛菩萨三尊造像　贴金彩绘　石灰石质　通高 125 厘米

这铺造像以异常夸张的手法，着力表现着北魏晚期汉化改制以后社会上流行的清秀、潇洒的审美时尚。佛和菩萨的头身不成比例，头部显得过大，且方圆消瘦，反衬得身体更加瘦弱了。在主像的身体表面和身后都充满着装饰趣味：佛与菩萨服装表面的衣纹为阶梯式，缺乏写实性，更增强了人物内在的浪漫情趣；佛、菩萨的身后以刻、绘相结合的手法表现头光、背光，以及飘动的植物纹装饰，烘托出了造像热烈的整体感觉。

图 21
北魏晚期—东魏
背屏式佛菩萨三尊造像
主尊像

图 22　北魏晚期—东魏　背屏式佛菩萨三尊造像右胁侍

图 23　北魏晚期—东魏　背屏式佛菩萨三尊造像左胁侍

图 24
北魏晚期—东魏
胁侍菩萨像
贴金彩绘
石灰石质
通高 107.5 厘米

图 25　北魏晚期—东魏　背屏式佛菩萨三尊造像　彩绘　石灰石质　通高 45 厘米

从整体风格来看，这铺造像为典型的北魏传统的秀骨清像式。主佛的头部表面饰有螺纹，清秀的面部相对较大，但身体仍然刻得削瘦而修长，褒衣博带式大衣较为轻薄贴体，衣纹具有装饰感。二菩萨的头身比例较主佛和谐一些，也充满着清秀潇洒的风尚。右胁侍菩萨的服饰较简单些，右膝部微曲；左胁侍菩萨装饰着华丽的长璎珞，并在腹前交叉穿一环。二菩萨均头戴高宝冠，两侧各有一条宝缯下垂，属于典型的北魏晚期菩萨冠饰。二菩萨足下的莲台分别自一条龙的口中吐出并承托着。主佛足下的石榫下部嵌着覆莲台座，如果这种拼接是正确的，那么就为别的同类造像原有样式的复原提供了资料。

图 26
北魏晚期—东魏
背屏式佛菩萨三尊造像
主尊像

图 27
北魏晚期—东魏
背屏式佛菩萨三尊造像
左胁侍

图 28
北魏晚期—东魏
背屏式佛菩萨三尊造像
右胁侍

图 29
北魏晚期—东魏
胁侍菩萨像
贴金彩绘
石灰石质
通高 110 厘米

图 30　北魏晚期—东魏　胁侍菩萨像局部

图31　东魏天平三年 邢长振造释迦像 贴金彩绘 石灰石质 通高137.7厘米

图 43
东魏—北齐
背屏式佛菩萨三尊造像
主尊像

图 44
东魏—北齐
背屏式佛菩萨三尊造像
左胁侍

图 45　北齐　背屏式佛菩萨三尊造像　贴金彩绘石灰石质　通高 86 厘米

与图 42 所示的造像相比，这铺造像的北齐风尚就更明显了，虽然在构图与布局方面仍是北魏以来的旧式。主佛头顶的肉髻低平，表面饰有细密的螺纹，面相丰满而胖圆，体型方面也在着力刻画宽肩、细腰、鼓腹的身段之外趋向于丰满；身穿通肩式大衣，表面不刻衣纹，仅以彩绘的形式表现田相袈裟。这是在印度笈多艺术影响下形成的北齐风格。二胁侍菩萨也是面相丰满胖圆，体态已显丰满，左菩萨的服饰仍是北魏的旧样式，右菩萨则简化多了，没有穿僧祇支，在胸前饰有短璎珞交叉穿环。从这铺造像上我们可以看出从北魏到北齐，中、印造像风格的兼容过程。

图 46
北齐
背屏式佛菩萨三尊造像
左胁侍

图 47
北齐
背屏式佛菩萨三尊造像
右胁侍

图 48　东魏—北齐　背屏式佛菩萨三尊造像　贴金彩绘　石灰石质　通高 138 厘米

该造像在构图、人物的服饰与体态方面都是北魏晚期以来龙兴寺背屏式造像传统的样式，但是在人物面相上却有了很大的不同。主佛头顶的肉髻低平，表面饰有密小的螺纹，面相丰满，双腮胖圆；二胁侍菩萨的面部略长一些，但也是丰满显胖的风格。特别是主佛肉髻的作法，是北齐特有的样式，这种样式以后又影响到了隋乃至唐初。

图 52　北魏晚期 佛立像 彩绘 石灰石质 通高 84.5 厘米

这是一尊十分典型的北魏晚期佛像，显示了经过孝文帝的汉化改制所带来的汉族士大夫阶层欣赏的佛像风尚，身披厚重的褒衣博带式大衣，具有清瘦潇洒的体型。衣纹的刻画为厚重的阶梯式，内有右衽式僧祇支，并在胸前束带。

图53　东魏—北齐　佛立像下半身　贴金彩绘　石灰石质　通高26.5厘米

图54　东魏—北齐 佛立像 贴金彩绘 石灰石质 通高125厘米

这尊佛像身材修长，削肩细颈，仍是着力表现北魏晚期以来汉族士大夫阶层所喜好的潇洒风格。但佛头顶的肉髻低平，面相丰满，五官较小而集中于脸的中部，腹部略鼓，身穿双领下垂式袈裟，露出内部的僧祇支等，都是北齐时代的特点。衣纹基本是自左肩处向下呈放射状分布，刻作并列的双阴线，没有写实感，但具有装饰效果。头后的圆形光中部为浮雕莲花，莲花外部的图案为绘出。

图 55　北齐　佛立像　贴金彩绘
石灰石质　通高 151 厘米

佛面相圆润，双目低垂，表情沉静。螺发细密，肉髻圆凸。脑后圆形头光残，剩余部分有浮雕莲瓣、线刻加彩绘的同心圆、四身浅浮雕的化佛组成。身着通肩袈裟，上饰彩绘田相。跣足而立。

图 60
北齐
佛立像
贴金彩绘
石灰石质
像高 100 厘米

图 61　北齐　佛立像　贴金彩绘　石灰石质　通高 193 厘米

高肉髻，饰涡旋纹，面相丰润，双目低垂，表情沉静。身着通肩红色田格纹袈裟，右手下垂提捏衣角。胸部微隆，腰略细，体型修长而富有力度，跣足而立。

图 62　北齐　佛立像　贴金彩绘　石灰石质　通高 150 厘米

这尊佛像体现了北齐新风尚与北魏晚期传统的秀骨清象风格的结合。佛的头部为北齐风尚，肉髻低平，表面饰有螺纹，面相丰满，双腮较胖，双目下视，饱含慈悲济世的情怀。颈部较细，体型显得清瘦潇洒，强调了骨气的刻画。身穿双领下垂式大衣，开领较低，露出了僧祇支，大衣较薄贴体。身体表面的衣纹为较圆的突棱状，流畅自如地从左肩处呈放射状分布于全身。在大衣的表面还以红绿彩绘制出田相袈裟。

图 63
北齐
佛立像
贴金彩绘
石灰石质
通高 162 厘米

图 72
北齐
佛立像
彩绘
汉白玉质
像高 105 厘米

图 73
北齐
佛立像
贴金
石灰石质
通高 113 厘米

图 74
北齐
佛立像
贴金彩绘
石灰石质
通高 69 厘米

图 75
北齐
佛立像
贴金彩绘
石灰石质
通高 74 厘米

图 76
北齐
佛立像
贴金彩绘
石灰石质
通高 63 厘米

图 77　北齐 佛立像 贴金彩绘 石灰石质 通高 128 厘米

这是一尊身穿通肩式大衣的佛立像，身体表面不刻任何衣纹，紧贴身体的大衣衬托出佛像的宽肩、细腰、宽胯，胸腹部略鼓起，展示着优美而矫健的体态。特别是他的右腿微屈，以左腿支撑身体重心的做法，更显得与众不同。这种佛像样式也没有被北齐普遍接受，所以就显得异常珍贵了。

图 78　北齐　佛立像　贴金彩绘　石灰石质　通高 78.5 厘米

佛像穿钩钮式袈裟，上施红色彩绘，衣纹为阶梯状，左手施与愿印。

图 79
北齐
佛立像
贴金彩绘
石灰石质
通高 100 厘米

图 86
北齐
佛立像
贴金彩绘
石灰石质
通高 93 厘米

图 87
北齐
佛立像
贴金彩绘
石灰石质
通高 97 厘米

图 88
北齐
佛立像
彩绘
石灰石质
通高 104 厘米

图 89
北齐
佛立像
贴金彩绘
石灰石质
通高 84 厘米

图 90
北齐
佛立像
贴金彩绘
石灰石质
通高 115.5 厘米

图 91
北齐
佛立像
彩绘
石灰石质
通高 84 厘米

图 92
北齐
佛立像
贴金彩绘
石灰石质
通高 43 厘米

图 93
北齐
佛立像
贴金彩绘
石灰石质
通高 82 厘米

图 94
北齐
佛立像
贴金彩绘
石灰石质
通高 95 厘米

图 95
北齐
佛立像
彩绘
石灰石质
通高 96 厘米

图96　北齐　佛坐像　贴金彩绘　石灰石质　通高64厘米

这尊倚坐佛像具有鲜明的北齐风格。头顶肉髻低平，表面饰螺纹，面相方圆丰满，双目微闭，嘴角内陷，含笑意。宽肩、挺胸、细腰、收腹，体态雄健而有力度。身披右袒式大衣，大衣薄厚适中，表面饰有阶梯式衣纹。与龙兴寺出土的其他造像不同，这尊坐佛像包含着较多的北齐创作因素，与其他地区的北齐造像风格接近。

图 97　北齐—隋　佛坐像　贴金彩绘　石灰石质　通高 94 厘米

图 98　北齐　佛坐像　贴金彩绘　石灰石质　通高 64 厘米

图 99　北齐 佛坐像 彩绘 汉白玉质 通高 81 厘米

图 100　北齐 佛坐像 贴金彩绘 石灰石质 通高 84 厘米

图 1C1
北齐
佛坐象
彩绘
石灰石质
通高 44 厘米

图102　隋 佛坐像 贴金彩绘 石灰石质 通高73厘米

隋代佛像的风格，在北齐与北周的基础上趋向于注重身段的优美，而在细部的刻画上还带有明显的前朝作风。这尊佛像的肉髻仍显低平，头顶饰较小的螺髻；面部仍显丰满，但已变得长圆了；身穿轻薄的偏衫式大衣，衬托出削肩、胸微挺、腹内收的窈窕体态，但不是健美的形体，这正是隋唐之间佛像的本质区别。该佛的双手虽残，但可看出原为右手施无畏印。

图 103　唐 佛坐像 花岗岩质 通高 96 厘米

图 104　唐　佛坐像　花岗岩质　通高 100 厘米

这尊佛像制作时代可能在武周至玄宗时期。该佛像具有健美的身段，和谐的比例，充分展示了大唐帝国特有的精神风貌。他的身下是方形亚腰台座，双足各踏一朵仰莲花，台座两侧还各雕了一身天王托扛着台座。天王身披铠甲，身材粗短，表情忿怒，充满力度。从佛像的双膝分开，大衣紧贴腿部的做法来看，既与山西太原天龙山石窟的唐代倚坐佛像相似，也见于陕西彬县大佛寺石窟，所以应是大唐首都长安的风尚传来所致。

按唐代佛像的一般规律，倚坐佛像代表着将在未来世界下生人间的弥勒佛。

图 105　唐佛坐像局部天王像

图 106　北魏晚期—东魏 佛头像 贴金彩绘 石灰石质 通高 21.7 厘米

中国的佛教造像，是古代佛教信徒们的功德寄托，也是无数名不见经传的艺术家们辛勤创作的结晶，我们在研究、鉴赏它们的同时，不能不被其中所包含的深邃思想、丰富哲理、美的风韵所叹服。这尊佛像就包含着北魏晚期至东魏的社会审美情趣：清秀的面相，喜悦的表情，蕴藏着丰富的思辩风神。

图 107
北魏晚期—东魏
佛头像
贴金
石灰石质
通高 27 厘米

图 115
北齐
佛头像
贴金彩绘
石灰石质
通高 15.5 厘米

图 116
北齐
佛头像
贴金彩绘
石灰石质
通高 21.7 厘米

图 117
北齐
佛头像
贴金彩绘
石灰石质
通高 27.2 厘米

图 118
北齐
佛头像侧面

图 119
北齐
佛头像
贴金彩绘
石灰石质
通高 20 厘米

图 120
北齐
佛头像侧面

图 121
北齐
佛头像
贴金彩绘
石灰石质
通高 27.5 厘米

图 122
北齐
佛头像
贴金彩绘
石灰石质
通高 27 厘米

图 123
北齐
佛头像
贴金彩绘
石灰石质
通高 26 厘米

图 124
北齐
佛头像
贴金彩绘
石灰石质
通高 29.8 厘米

图 125
北齐
佛头像
贴金彩绘
石灰石质
通高 27.5 厘米

图 126
北齐
佛头像
贴金
石灰石质
通高 21 厘米

图 127
北齐
佛头像
贴金彩绘
石灰石质
通高 22.5 厘米

图 128
北齐
佛头像
贴金彩绘
石灰石质
通高 31.3 厘米

图 129
北魏晚期—北齐
石雕像局部
贴金彩绘
石灰石质
通高 17.5 厘米

图 130
北魏晚期—北齐
石雕像局部
彩绘
石灰石质
通高 37 厘米

图 131　北魏晚期—北齐　石雕像局部　贴金彩绘　石灰石质　通高 19 厘米

卢舍那法界人中像·彩绘僧尼像
Coloured Buddhist Figures in the Realm of Vairocana Dharmadhuta
盧舎那の法界の人中像•彩絵の僧尼像

卢舍那法界人中像彩绘僧尼像

张 总

卢舍那法界人中像是佛教造像之中相当特殊的一种题材，其特征为在雕塑或塑成的佛身上，以或画或刻的手法再造出许多佛教内容形象。《华严经》说："无尽平等妙法界，悉皆充满如来身。"华严学说以法界缘起为要旨，法界蕴含现象与本体。卢舍那佛是华严经所尊奉的佛陀，既具有法身诸特性，又有人格化佛身，《华严经》将法身、化身与报身佛统一于卢舍那佛。卢舍那佛有同于常见佛陀像之作，若龙门奉先寺大佛像；而卢舍那佛中现诸色相的法界像，现存很少，只有新疆地区石窟壁画与出土木板画中的数像，敦煌莫高窟壁、绢画数件，还有中原地区石雕作品与金铜像数件，其总数也不过二十件。但现在青州发现的卢舍那法界人中像，包括诸城等处，共约达十件。青州地区卢舍那法界人中像，在形式上将绘画施于石雕成的作品之上，此种手法不见于其他地区。又青州卢舍那法界人中像的内容格局，在佛衣袈裟以竖排横格之界格分区，再描绘出佛陀说法、听法菩萨众、飞天与胡人相貌以及地狱、饿鬼等恶道场面，也与上述诸地法界像格局不全相同。凡此均说明青州地区此题材造像的特殊重要价值。青州地区卢舍那法界人中像将高超的绘画技艺施于雕造成型的佛像身上，确使两大艺术汇集于一身，形成了独具之特色。青州北魏造像已多施贴金绘彩之绘艺，装饰佛身袈裟与肤肌，造出绚丽效果；至东魏又有尼智明造像于背光两侧画出了僧尼之像，是已施画艺于造像之上；北齐的卢舍那法界人中像，更在佛像全身袈裟分出长方界格，画出种种体现法界之图像，于方寸之间，将些微的佛陀、菩萨、飞天、胡人、恶道等以流利顺畅的线条勒出，再加点金、绘彩，形成生动瑰丽的图景，使人在观敬佛陀之时，能体味种种法界之深意。尤以图册之中刊布一像，绘艺高超，是此类诸像之最佳者。山东青州地区所见如许多卢舍那法界人中像确实使人深思，明确刻铭"卢舍那法界人中像"的比丘道造像座，也发现于山东济宁的普照寺。北朝晚期又正是华严学说兴起，为初唐华严宗成立奠定基础之时。《六十华严》本译于南方，南朝齐竟陵文宣王萧子良推重华严，设华严斋并作记。北方自《十地经论》(华严经论)译出后形成地论派，在佛教界形成主流，慧光弟子法上，在北齐任僧人领袖，昭玄大统，深受帝室尊重，这些均应为华严经像产生的基础。以前所知河南滑县及安阳一带有此类作品，青州此类像的集中出现，应说明华严论学信仰的影响已达此地，其间关系，是很值得深入探讨的课题。

图 134　北齐　卢舍那法界人中像　贴金彩绘

这是佛像胸部右侧框格内画出的拜佛形象。图上也有棚架顶上与树的环境。画面虽着色处剥落及磨损不少，仍依稀有佛陀倚坐的形象，脚下踏有束腰圆台。佛旁有一菩萨圆项光较清晰。其画面左侧有三四身较小的供养菩萨形象，形貌完整的一像是交脚坐于地上的姿态，其斜上方也有一身同样交脚坐姿的菩萨之像。画面右前似有一跪姿形象。画面前方也有一方形水池。总体来说，此件卢舍那法界人中像的胸部两侧所绘之图像，与佛经中所描写的听法场面，佛陀为众多菩萨等簇拥，前有跪拜等听法菩萨之形象，是比较接近的。而且佛陀胸部横贯的三幅画面，都是与说法图像等相关一致，说明了《华严经》中于卢舍那佛中现诸佛色身等宣教之义。

图 135　北齐　卢舍那法界人中像　贴金彩绘

这是此像胸肩左部框格内画出的朝拜形象。图中有成倚坐姿的佛像，脚下踏一圆台。佛的左右两侧分坐有带项光的胁侍菩萨形象，佛左侧菩萨形象多已剥落，另有几身较佛与菩萨小的形象，如佛右侧下方有两身盘坐地上，一腿抬起形象，面目已不清晰，似为婆罗门。佛左侧有一身若半跪姿的供养菩萨形象，具圆项光，三珠冠的金饰仍有存点。两手均抬起在胸前，姿态生动。画面前方与佛相对的则有一身菩萨，胡跪的姿态，手合十胸前，为正在向佛跪拜。其头部后面石绿色的圆项光，身上斜披的络腋与绿色长裙均较清楚。菩萨前方置有一小小台座。画面前方有一方形，内框填绿色，右前方似还绘出一树，佛身后似有栅栏，构成此拜佛图的环境。

图 136　北齐　卢舍那法界人中像胸肩右部　贴金彩绘

这是卢舍那佛右肩部界格之空缘内的画像。三位胡人描绘得均很生动。其线条简练，只在方寸之间，就将几位胡人形貌画得活灵活现。如左侧胡人侧面而立，头发在脑后结束，高鼻突起；中间胡人满面髯须，眉扬鼻钩，身穿大袍，腰间束带，足蹬靴；右侧胡人面向内，戴圆顶皮帽，着交领窄袖长袍，亦穿靴。胡人身旁可见有牛头形貌。因为河南高寒寺法界像肩部以牛车与马车来表示太阳车与月车，即表肩有日天、月天之意，此处之牛也有可能代表太阳或日天之意。青州作为北齐重镇，会有中亚西域的胡人来往，1971 年青州曾出土北齐石室墓线刻画像，其中商旅、饮食、商谈画面上都有胡人形象，说明胡人当年确已介入、融合至社会生活之中。南朝梁元帝原作的《职贡图》之中，（且）末国使者戴尖顶皮帽，与此像中戴帽胡人形象也很相似。总之，法界像肩部这些形象是富于生活情趣的。

图 137　北齐　卢舍那法界人中像胸肩左部　贴金彩绘

这是肩部对称一侧画出的胡人形象，其绘艺亦很高超，保存状况不若右肩部分。只可见二位胡人形貌的特点。左像面向内侧，头顶发梳向脑后，身穿束腰窄袖长袍。右像则戴尖顶皮帽，具山羊胡须，腰束带，袍靴同于肩右之像。

图 138　北齐　卢舍那法界人中像　贴金彩绘

这是此尊卢舍那法界像右臂肘内，界格之间朱红底色上所画出的飞天等形象。现存佛身画面上界格之框边很宽，呈石绿底色，也有些地方残留的金色还在闪光。界格之间则留着仍相当鲜艳的朱红底色，底色上绘出不少的各式形象，如肩上部的胡人形貌，即已多有刊布。而此图上右臂弯部分表现出更多界格间形象的细节。如上面横排色带上可见数身飞天，飞天均有圆项光，横身飞行，双手置胸前方，身上帔帛环绕，亦飘飘于后。竖向的色带上有供养菩萨的形象，具圆项光，双手合十胸前，似跪拜姿。飞天之前也似有两身跪拜形象。

图 139　北齐　卢舍那法界人中像　贴金彩绘

此幅画面为佛像胸部以下，腹部右侧界格之内情形，其画面已有很多残损剥落。现可辨出画面下方有二三身立姿像，较清楚的一像为右手曲肘抬起，左手前伸紧握从腰间引出的一链。全身裸露，仅腰胯围一绿色犊鼻裤。头发则向前上方扬起如火焰尖，姿态为很紧张的吃力状态。上方可见二个身姿横斜，有如飞天形态，依稀可见臂前伸，及几朵云头的情形。图中内容是否属五趣六道轮回部分等，尚需进一步考证。

图 140　北齐　卢舍那法界人中像右手部　贴金彩绘

这是卢舍那法界人中像的右手局部。雕像左手已不存，然右臂微曲，自然下垂的右手，紧贴身体。佛手食指稍稍回曲，与拇指相捻，中指与无名指微持袈裟袍袖的边缘。手指间的转折变化十分贴切，很好地表达出肤肌的质感与佛陀平静的心态。

图 141　北齐　卢舍那法界人中像　贴金彩绘

这是此尊卢舍那法界人中像左侧衣袖外面，上下纵列三幅小画面的最下面图幅。前面依稀可见衣袖的略有残破的曲线。画幅中形象，金碧色彩对比鲜明。画面界格为石绿之底，格内涂以朱红，线描勾勒的形象再施以青绿色并点缀金色，使画面对比分外夺目。画中人物右手持举一物，左臂怀抱一杆，其上幅的画面有武人与菩萨形象，再上的画面有屋宇与树形，其具体内涵尚需进一步考证。

图142 北齐 卢舍那法界人中像圆雕立像 贴金彩绘 石灰石质 高121厘米

这是青州又一件绘出精彩画面之雕造作品像——卢舍那法界人中像。就青州与诸城以及台湾藏品来说，这是此类造像之中最为精美的一件。其绘画技艺水准高超，实属罕见。此像还有一可贵处就是保存了佛陀头部，原先头身之间已经打断，但现在已成功地拼对了。此尊佛像肉髻低圆漫平，螺发卷卷。佛面相颐圆颊丰，五官较为集中。双目微启，神情十分宁静。造像脖项部分仍留有较多的贴金之迹。身体姿态手态仍如上像，右手自然下垂，左手上抬，但均有残损。像身体格正面亦画出三纵列，每列约五、六格，两臂外侧又各成一列，界格都是以贴金手法隔出，格内施以彩绘，有种种精美的画面。此像与台湾震旦文教基金会藏法界像相比，在体格界框的划分的正面有相似处，但背面并不相同。其画面更为精细工致，唯惜此像下部有熏黑之处，画面不甚完整了。

图 143　北齐　卢舍那法界人中像

这是胸口部分主佛说法之相。画幅线描显示了精到功力，细劲的铁线勾出了佛菩萨与周围物象。画面中应为卢舍那佛，成倚坐姿态，双脚踏于双莲花台上。低平的肉髻与发纹染成黑色，眉目依稀可见，右肩偏袒，但左臂也露出，袈裟从左肩斜披而下仍属少见。双手在胸口施转轮印，是佛说法之像。画面两端绘两株树形。两身菩萨佩圆项光，梳双髻，肩绕帔帛腰束带，双手合十，侍立于佛两旁。其下方又有二身菩萨，均面向外侧，呈手抱胸前的胡跪之姿，侍佛两侧。菩萨均饰圆项光，头饰有点缀金色，佛身后则有向上升起黄红条状，缀以联珠纹。佛衣深红色袈裟，菩萨身着简朴。图底色亦为深红，佛身与菩萨身多为土黄色，个别处点金，菩萨下身微有绿色，全图色泽高贵华丽。

图144　北齐　卢舍那法界人中像
圆雕立像　石灰石质　通高115厘米

这件卢舍那法界人中像的施造手法与前几像不同,即在雕琢已成的佛像上,再加施细刻,雕成了数组画面,而不是用绘画的办法来表现。佛像上刻琢画面手法的卢舍那法界人中像,已知有原出河南滑县的高寒寺像与美国弗利尔画廊所藏像,但具体的雕刻手法均与此像有细微差别。高寒寺佛像以浅浮雕手法雕出了许多形象,形象之间略可分成上下几层,并无整齐的界格。弗利尔藏像画面亦无界格,浮雕中略加有些线刻的表现。而此像雕成了身穿袒右袈裟的立佛,袈裟之上分成正面纵三列的界格,每列再分四五格雕画面,此特点与青州地区诸种此像相同。而画面雕刻又是以减底平的办法刻出小画面,再于小画面的人物、景物上以阴刻线条表达出细节,使形象完整细致。但此像并未彻底完工,最后的线刻细节工序只完成了一二个人物就停止了加工,因而小画面内容亦难辨识。从初步情况来看,似有些类似佛传故事。此像雕完似亦未施绘彩,确是此类作品中独具的一件。

图 145–1　北齐　石刻卢舍那法界人中像圆雕立像上部

石刻卢舍那法界人中像拓片

图 145—2　北齐　石刻卢舍那法界人中像圆雕立像下部

图 146　东魏天平三年　尼智明造像　贴金绘彩　通高 83 厘米

东魏造像中此像颇有代表性。背光前雕出一佛二菩萨之形式，在单体造像之中数量最多。此像背光上部已不完整，原应为舟形尖顶。主体三像雕造得均匀适度，彩绘仍保留着以朱色为主的红暖色调。主佛像身微向前倾，低头而面含笑意，身披褒衣博带式袈裟，胸口圆领坠下，大衫下摆略有外侈，跣足踏圆形覆莲台。两旁侧胁侍菩萨侍立，均戴冠饰，赤足踏圆莲台。身着天衣长裙，帛帔绕肘下悬又挑上。右胁侍菩萨手持莲蕾与净瓶，左胁侍则拿莲苞与善锁。从造像铭记之中“愿令亡者托生净土”的祈请与菩萨执物来看，此尊造像可能为西方三圣。像背光饰出佛陀圆项光与椭圆身光与火焰纹、菩萨的同心圆项光，还有上方高浮雕出两身化佛与浅刻一飞天之存迹。此像与青州酒厂遗址曾出土的一件贴金作品相当贴近，仅从造型与体态上可看出一些演进的变化，如像座为长方形，并非常见的插榫式结构等。像座前铭有东魏天平三年尼智明为亡过父母亲人造像的发愿文。

图 147　东魏天平三年 尼智明造像正面主尊胸像 贴金彩绘

造像头上肉髻高耸，波浪状的发纹在正前成旋涡状，继而展拓出优美的线条。佛像面容塑造得带有一丝童真的气息，神秘而含蓄的笑容，沉静的表情。圆形项光内有莲瓣形纹，中有同心圆，外有蔓卷忍冬纹。身光部分也有同心椭圆形纹及莲瓣枝叶饰带。佛像身面仍有残留的贴金痕迹，袈裟与内穿的僧祇支上有阴刻的线条衣纹与涂朱缋蓝的余色，可见当年佛像肤体是金光灿灿，服饰背光则是红蓝等色相间，具有非常光鲜的效果。

图 148　东魏天平三年　尼智明造像左侧　彩绘僧尼像

此像别有的珍贵之处还在于背光两侧都绘有人物画像。以前河北曲阳出土像中曾有一件东魏武定二年(544)白石造像，背光后面画出了一身半跏思惟菩萨像。其线条简练，形象清秀，被认为是雕刻作品上罕见的绘画之作。而青州龙兴寺窖藏佛像竟出现多件雕塑上的画作。其中有卢舍那法界像的特别题材，也有如此件作品的僧尼形象。这些形象与装饰佛像的绘彩贴金不同，是罕见的绘画结合雕塑之作，确使人们大开眼界。此像背光左侧画出两身佛教人物像，上下排列，身穿白色袈裟，双手怀胸前而立，其面容微胖，形象却非常清秀，令人不由相信这些画像必如发愿造像者，是比丘尼的形象。

图 149　东魏天平三年 尼智明造像左侧上部 彩绘僧尼像

图 150　东魏天平三年　尼智明造像右侧上部　彩绘僧尼像

此像背光左侧上下也画出了两身佛门人物像。其上列之像，面目形貌已较为模糊，下列之像身姿体态仍较清晰。画像都在浅红色的背景上，上像似穿淡色袈裟，下像却穿着深红色袈裟，身体略向后仰，从修长的体态仿如尼众形象，而面容有些棱角，更像是僧人之像。因而，此背光两侧之绘画形象，或为比丘尼，或为比丘与比丘尼对称画出。青州另有一件大型精美造像的背光之上，题出的像主身份也有多位比丘尼，看来在此处造像之中，比丘尼施造的作品也占有一定的份量。此像还有一可注意之处，就是在主像侧后面可以见到一斜面，似是对造像加以第二次加工而成。造像背光，或是雕出后，又经过了第二次加工，深入到了第二个层面再加以雕饰，因而在侧面留下了打破关系的痕印。

图 151
东魏天平三年
尼智明造像右侧下部
彩绘僧尼像

菩萨造像
Bodhisattva Images
菩萨造像

菩萨造像

张 总

青州菩萨造像艺术造诣亦令人叹服。青州菩萨造像有背光佛三尊造像中的胁侍菩萨像与圆雕菩萨之像等类别。同造像的发展序列相同，北魏至东魏的菩萨造像服饰等较为朴素，菩萨多服天衣，帔帛交于腹前，有璎珞与项圈等；到北齐阶段，菩萨造像达到了非常繁丽的程度。菩萨身前饰出璎珞，有些略似网状，但多数是以璎珞交叉于腹前环玉之中为基本形式。还有从束腰带前垂下的坤带，其上常分成数格，雕出细密的小图案，非常精致。北齐佛陀造像出现了衣饰变为简洁的趋向，但其中也有衣纹叠稠与通体无雕饰之别。而菩萨造像则在璎珞饰带方面更增加了华美。青州菩萨造像的繁丽与山东诸城出土造像是基本一致的，唯诸城菩萨似多有些网状的璎珞，青州多以 X 形交叉腹前为主。而青州菩萨造像璎珞尚多贴于帔帛之上，布帛竹绢般的衣饰雕饰得很细腻而富于质感。以典型作品为例，青州一像胸饰兽面，璎珞随帔帛交饰，而诸城出土腰饰兽面的一像，璎珞布身如网状，极显繁丽。四川成都万佛寺出北周天和纪年铭亦有同感，璎珞极繁密。青州菩萨造像的造型更是值得仔细品味。古代匠师对造型把握达到的造诣是很高的。这些造像的面部雕刻均能达到很深入细节的地步，尤其是不少造像的嘴部，唇角口尖，细小的转折、体面与过渡表达得精到而准确，使造像能很好地传神，眼眉目睛，与口鼻的配合，使菩萨造像神态高洁肃穆。早期的菩萨造像如北魏及东魏作品之中，还是以神秘的微笑神情为主，以后渐趋宁谧安详。

还可注意的一点就是青州造像的单尊造像出现得较早。一般来说，佛教造像中背光前组合的佛菩萨像是北魏初期就有出现，而单尊的菩萨造像则是北朝晚期才较常见。但青州石造像本始于北魏晚期，在此前后已有了单尊圆雕作品，如图例中，面容纯真如儿童般的菩萨之像，具圆项光与身光的单尊菩萨之像，均为单尊作品。而东魏到北齐有些菩萨单尊之像，形体高大，造型端庄，装饰精丽。比较河北曲阳系的白石作品，则多为较小的雕造，且无富丽的璎珞装饰与贴金彩绘。河北思惟菩萨较多，且多双像，而青州则只是偶见单尊思惟像，形体亦大而雕造简洁精丽。

青州造像贴金传统早有例证。青州造像最早纪年为永安二年韩小华造像，而陈介祺曾收藏一件北魏神龟二年 (519) 崔懃造像座。其像虽不存，但铭记说像主崔懃施钱九千、邑社兄弟廿五人各施一百，裁佛金色。确是当年造像贴金情况的珍贵纪录。

总体来说，青州菩萨造像的造诣水准，在北朝时期佛教造像之中，是相当突出的，确可在中国雕塑史上占有一席之地。

图152　北魏晚期—东魏　菩萨立像　贴金彩绘　石灰石质　通高105厘米

这件菩萨像造型上很显著的特点就是以圆形项光与贴近身体之身光的结合，综汇成像后的光饰，而不是常见的舟形背光之饰。菩萨面容特征突出，笑容鲜明。细长的眉眼舒展，亮丽，沉思而喜悦自如的神情浮现。头顶戴冠饰，圆项光的莲瓣纹凸显，衬托菩萨头部。肩部的圆饼状饰也很突出。天衣覆肩又向下悬挂，交叉展拓在腿膝前。下裙至脚的纹褶细密，而且向外侈，呈鱼尾状。胸口处的项圈与裙腰的束带均以很薄的手法雕出。总之，此菩萨装的衣饰呈现出早期较朴素的特色，雕饰的刻工也很精致。体装身姿的装饰化与神秘微笑的面容写实构成早期菩萨像特质。

图 153　北魏晚期—东魏
菩萨立像　贴金彩绘　石灰石质
通高 66 厘米

此像为圆雕的菩萨形态，而衣饰为很朴素的早期雕饰。像戴有冠饰，宝缯垂耳后，至肩联圆饼状饰。面容有如儿童，显出纯真而质朴的笑容。项圈素面而下垂一珠。天衣覆肩又悬交于膝前，又上绕肘而至体侧。裙无折褶，束带亦分挂腿前。右手提善锁，左手则已缺。这件菩萨造像仍鲜明地体现了龙兴寺较早期的菩萨特征。

图 154　北魏晚期—东魏　菩萨立像　贴金彩绘　石灰石质　通高 200 厘米

菩萨体态匀称，身体修长，头戴贴金宝冠，宝缯下垂至肩，黑发顺肩而下，在肩部饰两个贴金圆形饰物。面相圆润，慈祥。颈佩贴金项饰，饰帔帛、璎珞，着百褶长裙，腰间束带打结，长裙曳地。裙褶采用对称处理，上施以红、蓝、绿三色。跣足立于莲台上。

图 155
北魏晚期—东魏
菩萨立像
彩绘
石灰石质
通高 113 厘米

图 156　北魏晚期—东魏 菩萨半身像 贴金彩绘 石灰石质 高 36 厘米

为一铺三身背屏式造像的左胁侍菩萨。面含微笑，丹凤目。额前长发梳成五个圆形，脑后长发分成两条发辫沿双肩垂至上臂，并在双肩部各饰一圆形物。颈佩贴金项圈，饰复杂的璎珞，身着天衣，饰浮雕莲花的头光。

图 157　北魏晚期—东魏 菩萨像局部 贴金彩绘 石灰石质 通高 13.5 厘米

图 158　北魏晚期—东魏 菩萨头像 石灰石质 通高 15 厘米

图 159　北魏晚期—东魏 菩萨头像 彩绘 石灰石质 通高 17 厘米

图 160　北魏晚期—东魏菩萨立像　贴金彩绘　石灰石质　通高 115 厘米

这件菩萨像之雕饰已脱离早期朴素之饰，开始悬饰华绳璎珞等等。菩萨天衣仍覆肩后下悬至膝前交叉回转。华绳璎珞亦从肩悬下到腹下相交于宝珠环。项圈下有宝珠忍冬。内衣斜披，裙腰束带又垂至腿下成细密繁复的折褶。此像的雕饰细节已丰，但不若北齐造像处理得成熟有致，其由体型衣饰装饰化向体型写实装饰繁丽过渡的特征比较明显。

图 161
北魏晚期—东魏
菩萨立像
贴金彩绘
石灰石质
通高 62 厘米

图 162
北魏晚期—东魏
菩萨立像
贴金彩绘
石灰石质
通高 84 厘米

图 163
北魏晚期—东魏
菩萨立像
贴金彩绘
石灰石质
通高 44 厘米

图 164
东魏—北齐
菩萨立像
贴金彩绘
石灰石质
通高 35 厘米

图 165
东魏—北齐
菩萨立像
贴金彩绘
石灰石质
通高 39 厘米

图 166　北齐—隋　菩萨立像　贴金彩绘　石灰石质　通高 165 厘米

此像对体现青州菩萨高超技艺尤为得力。其整体是以青灰色石质造成，服装上尚留些许绘彩之迹，全像对人体造型能力的把握，富丽珠璎的装饰尤为出色。造像仅在冠饰与右手臂有所残断缺损，大部仍是相当完好。从出土时像躺土中的现场图片，已可预见其为重要的杰出代表作品，使人联想到在灭法毁像的当时，人们也不忍将其过分破坏。此像全身比例合度，身前密布项饰与垂珠璎珞、坤带等，垂璎与帔帛贴合密切，除腰下垂带略有折纹以外，全身衣服几无纹褶，因而能给人十分洁净之感。璎珞珠项绮丽堂皇，又不显繁缛，反而体现了素净、丰丽，确是达到高妙境界，显出了时代与造型的特征。

图167　北齐—隋 菩萨立像侧面

这件圆雕菩萨立像的稍侧面更能显现出其人体造型的功力与美妙。全像沉静的表情与端立的姿态十分协调，使写实程度很高的作品流溢出安谧慈肃的气息韵律。造像细节丰富的头部比例略略显大，存留的左手也如此。肩臂下溜的线条自然流畅，腰部的收分与胸腹间的过渡均处理得细致微妙。贴体的璎珞与帔帛，自肩悬下到膝部，益显出体姿的微妙起伏。下肢虽稍短，但挺立的双腿与分开的双脚站姿的重心却很自然。脚下为带榫的圆台。菩萨原断的右臂已接合，从曲起的臂肘可知右手为抬起之姿，所惜缺右手。

图 168　北齐—隋　菩萨立像背面

从此像的背面也可看出造像技艺的一丝不苟。因为佛教造像均是供人从正面敬仰尊崇的，背面并不如西方雕塑供人从各个角度观赏。但菩萨造像的瓔珞珠串，帔帛上下相绕于玉环的情形均在雕造手法中交代得清楚有序，毫无含糊之处。另很重要的一点是像背后有字，一侧飘带上写有“九月廿五日造”字样，若年代清楚就更完美了。

图 169　北齐—隋　菩萨立像头像正面

此像的面部的雕造沉静而高贵，雕刻琢磨技艺十分高超。其明净的额头，舒展的双眉、微闭的眼目，挺直修长的鼻梁，细致精妙的嘴唇，圆润的面颊与细巧的脖项，都将雕刻造型的优势发挥得淋漓尽致。眼睛、鼻翼、嘴部的最细小之处的刻划，更是入微入妙，尤其是嘴周与唇尖嘴角、体面精微的转折过渡，可谓是神来之笔。变化丰富的嘴与冥想深思的目，传达出含蕴深长的神情，构成高深幽沉的宗教气息，将人们自然带入佛国境界中去。从冠饰上略损去头部，而以双手抱住璎珠的化佛形象看来，此尊造像仍应是最受尊崇的观世音菩萨之像。

图 170　北齐—隋　菩萨立像头像侧面

从头像侧面，更能表达出雕像造型的完美与技艺的深湛。面部鼻梁的线型、嘴角的细微巧折、眼睛的圆润起伏与转折变化，均比正视更为清晰地传达出造像的神韵。青州佛像头部的侧部有许多是体现出希腊鼻的高直样式。菩萨造像之中有些是鼻较扁平的中国化的面容。此件菩萨的侧面则具体入微，雕刻中体现出外来面目与中国式的结合。

图 171　北齐—隋 菩萨立像局部

此菩萨像腰下束有垂下的坤带。其实背后也有垂带，但只在带中束一花结，带上并无细饰。而前面的坤带则极富丽。坤带共划分出九个小方格，每格内的雕饰几不重复。自上而起，格内分刻出莲花化生童子、同于胸饰的兽面、珠旁叶纹、双珠、火焰摩尼珠、大珠、宝瓶、摩尼珠与联珠饰大珠纹。身前还有悬挂在体侧的珠串、腿前的帔带等。而贴于帔帛前的华绳瓔珞，相交叠并提束于左手之中，使平静对称的线型增加了活泼的气氛。

无论在雕塑与绘画之中，人的面部与手部都最能体现出造型者的功力。这尊具有高度造诣的菩萨像，手部确见古代匠师之艺术表现力。一眼望去，丰腴而富有弹性的肌肤，就与服饰的布帛与珠瓔饰物明显不同，身体与服饰的质感，可谓表现得惟妙惟肖。而从臂到指的自然曲线，手指轻捻帛带的态势，也刻造得恰到好处。可惜像的右手不存。

图 172　北齐—隋 菩萨立像局部

此像身前的垂饰非常精到。特别突出的就是项圈前的吐珠兽面。项圈之中佩有莲座火焰形摩尼宝珠，宝珠莲座下正接刻出兽头顶的双耳，兽头以高浮雕手法刻成突出造型。其面型如狮，呈怒容，口中含珠又吐珠。所含珠项又是从项圈悬下的瓔珠串饰，从兽口横穿而过。兽口中又吐出了一串五珠，成圆弧状悬垂于胸前。悬挂身前的两条华绳串形也是精工细作，如玉米穗般的华绳瓔珠刻成细节不同变化多端的绳状。这一组摩尼宝兽面纹非常引人注目。龙兴寺窖藏及青州地区作品中，也有相同的雕饰，但均不若此件特征之突出而鲜明。龙兴寺一菩萨项圈垂下瓔串，中悬吐珠兽面，亦吐五珠类似的装束。台湾震旦文教基金会藏一菩萨像，项圈亦悬吐珠兽面。诸城出土一件雕饰极华丽，满身瓔珞的菩萨之像，腰带中以兽面含吐华饰垂带。台湾良盛堂藏一件菩萨像，情形相似，华绳相交于腹前兽面处，其口中衔挂着繁复的饰件。青州云门山第二号隋代龛像胁侍菩萨亦在项圈下垂兽面。总之，这种兽面瓔珠的装饰在菩萨像中是极具魅力的细节。

图 173
北齐—隋
菩萨立像手部

图174　北齐　菩萨立像　贴金彩绘　石灰石质　通高66.5厘米

这件菩萨圆雕立像突出的特征是手持莲蕾。造像头胸虽已残，身体尚大部完整。其满身仍有富丽的装饰。胸项处缺失之旁仍可见一排排的项饰，主要的华绳璎珞从两肩垂交于腹前，又分悬到两腿后外分。腹前大大的环圆珠上刻有数重的联珠纹、同心圆等细饰。长裙上还留有不少的绿色。左手与垂带也没有接对上，不知是否拿持净瓶。但从右手上举而拿着莲花苞的造型看，可能是持莲花的观世音菩萨。

图 175　北齐 菩萨立像 贴金彩绘 汉白玉质 通高 83 厘米

这件菩萨躯体立像残尊，衣饰层叠，变化丰富，璎珠悬挂，体态修长，手相可以看出为佛陀常用的施无畏和与愿印。北齐时佛像样式很多，菩萨造像装饰很华丽，但又每每不相重复，在璎珞与衣帛的着服上，化出种种变现，真可见古匠师别出心裁的创造性。此菩萨项圈下刻以舒开的宝珠花叶纹，覆肩的天衣在腹前结束相套，上方悬垂着U 形帔带。华绳璎珞依然在腹前交叉于珠环。珠环中又垂下坤带，带素面无雕饰，却又穿一环，环下又系花结，继垂体下。像身之前略显平板，但从种种帔帛璎饰的精心构置，也可知其难得。

图 176　北齐　菩萨立像　贴金彩绘　石灰石质　通高 59 厘米

此菩萨像身躯颀长，身前斜披的络腋丝帛感很强。华绳璎珞依然交叠于腹前，却无巾体的帛带。项圈为珠串，裙上部系带与束帛的真实感也很强，交系打结后分垂而下，恍如真品。裙部以横纹的双阴线隔段饰刻，很是别致。

图 177　北齐 思惟菩萨像 贴金彩绘 石灰石质 通高 90 厘米

思惟菩萨像是造像之中较为特殊的一类作品。据佛典所载，释迦佛为太子时曾于树下思维而悟初禅，因而其体态呈思维之相，以两手指支颐而作思考状。其腿部则为半跏趺坐姿，一腿自然下垂，另一腿曲起架其膝上。这种姿态在今天实际生活中也可见到。造像中此姿又可依曲起之左右腿不同而称为左舒相坐或右舒相坐。思惟菩萨像在日本与韩国又多称为弥勒菩萨之像，但真正有铭文称为弥勒的只有一两例。半跏思惟菩萨像并不在青州系造像中占有突出地位，仅在博兴出土像与台湾藏品中见一两例。而河北曲阳白石小型造像之中此类像不仅数量多，而且发展出了双思惟像甚至有镂空的双树双思惟像。青州此像则不仅体量明显大于曲阳，绘彩雕饰也呈现不同曲阳的风貌。其简洁的衣饰，苗条的身段，流畅的裙带垂褶刻造得均很得体。其筌蹄座前所刻出的天龙以及荷叶托莲踏座如徽符般强调出青州造像的特色。

图178　北齐 思惟菩萨头部

此为半跏思惟菩萨之像的局部，其面部表情极生动，深入思考而有所得，微显神秘笑意之情态有呼之欲出之感。嘴角微收的细节雕造得很是精巧。菩萨所戴宝冠较为繁丽，冠前束带上分佩有三颗宝珠，其上又有一层束带，两层之间的朱红底色上绘出了联珠纹，顶部珠饰略微残去，两旁帛带结系，结下帛束垂遮耳前。肩上圆饼饰与冠饰的联珠已残断。造像头部的绘涂色彩较身体部分保存得更为完好，身体部分项圈之上与肩带处还留有很多涂朱之色。

图 179　北齐　菩萨立像　贴金彩绘　石灰石质　通高 110 厘米

菩萨高髻，所束冠巾贴金。裸上身，颈佩贴金项圈和璎珞。帔帛顺肩下垂，双腕戴贴金手镯，左手提帔帛，右臂半举。下着红色长裙，轻薄贴体，腰部束带打结，跣足立于莲台上。

图 180
北齐
菩萨立像
贴金彩绘
石灰石质
高 110 厘米

图 181　北齐　菩萨立像　贴金彩绘　石灰石质　通高 101 厘米

菩萨头戴花蔓冠，面目慈祥，嘴角含笑。颈佩贴金项饰，饰璎珞、帔帛，下身着长裙，腰间束带。长裙以红、绿、蓝三色装饰。衣饰华丽，雕工精细。

图 182
北齐
菩萨立像
贴金彩绘
石灰石质
通高 115 厘米

图 183　北齐　菩萨立像　彩绘　石灰石质　通高 73 厘米

这件体躯修长的菩萨造像残躯在装饰方面颇有一些别致之处。一般造像都是华绳璎珞从身后绕两肩而垂下，再从腿部回转至身后为环形。此件菩萨璎珞华绳却是在脖项部的项圈之上面横结一束，再从两边挂下。此项圈也雕出较高，项圈下悬摩尼宝珠形与边饰。璎珞华绳在每穗联结处的结系均很突出，且又变化成不同的花形。更有趣的是一般在璎珞华绳相交腹前的穿环或大珠处，却是用一小小珠串将上下两华绳联挂起来。下裙的丝帛感也很强，垂下坤带亦有花结。造像体躯较长，身前较平板，使身前装饰更为突出。

图 184　北齐　菩萨立像正面　贴金彩绘　石灰石质　通高 105 厘米

图 185　北齐　菩萨立像背面

图 186　北齐　菩萨立像　贴金彩绘　石灰石质　通高 59 厘米

这件菩萨残躯的身前雕饰基本完好地保存下来了。可以见到其主要的璎珞，不是紧贴帔帛之上，对称交叉的华绳式，而是如一长珠串，从身前悬转到身后的形式。帛带从身前悬挂，至腹下腿前成两重 U 形悬垂。璎串虽不若华绳繁丽，在最下端的坠部则是雕了很多细饰。腰前的坤带，则分以很大的三格，琢刻出似由忍冬经变成的繁饰。值得注意的还有项饰。从项圈珠串又悬下数珠璎，其居中悬下处为一口中吐珠的兽面，与上面介绍的胸饰略同，但雕成的兽面较薄。

图 187　北齐　菩萨立像　贴金彩绘　石灰石质　通高 67 厘米

这是一件菩萨残躯的局部，所见主要是身前的坤带部分，与珠悬挂转向身后的部分。坤带在多尊菩萨造像之中，均有精微细致的刻造表现。在青州与诸城的佛像出土之前，青州云门山的隋代龛像之立菩萨的坤带就很出名，其方格上就有不少引人注意的内容。诸城与青州的佛像出土以后，使人们在菩萨雕饰富丽丰厚方面大开眼界。此像的坤带分成了数格。可见的图案有莲花上的宝珠、背后饰有联珠光串之莲叶上的童子、双珠并存，背后饰两荷叶纹的莲花童子、细节逼真的火焰状摩尼宝珠、喷出圆珠的宝瓶等，这些小小的图案，非常集中而引人注目，因而成为工匠们着意施展意匠之所。

图 188　北齐　菩萨立像　贴金彩绘　石灰石质　像高 102 厘米

这件菩萨的身前雕饰略显朴素。华绳璎珞叠挂绞结于腹前，没有常见的圆环或大珠。裙腰衣褶纹叠均很简化，坤带只以阴线刻图纹，最下格亦如兽面。胸前项饰却较丰富，项圈珠下又加一串珠，中又悬璎饰。

图 189　北齐　菩萨立像　贴金彩绘　石灰石质　通高 57 厘米

这件菩萨之像身前饰有华绳璎珞，成 X 型交叉。华绳璎珞，唯有些简略，有些更为华丽繁密。此像华绳交叉在腹前圆环，环中嵌一大珠。腰下垂带系一花结。胸前内衣系画出，此像的纹折确很简洁。

图 190　北齐　菩萨立像　彩绘　石灰石质　通高 68 厘米

此菩萨残躯两肩齐平，腰肢细，身段颀长。衣饰雕琢逼真，璎珞细密。其项饰仅以线刻出，僧祇支内衣却是雕出又加线刻。天衣披肩在腹前结系，又从中垂下长珠串穗。细密的华绳璎珞相交联于腹前圆环外。腰两旁垂下的绦带，裙下的纹褶，均如实雕成。

图 191
北齐
菩萨立像
贴金彩绘
汉白玉质
通高 50 厘米

图 192
北齐
菩萨立像
贴金彩绘
汉白玉质
通高 67 厘米

图 193　北齐　菩萨立像　彩绘　石灰石质　通高 77 厘米

此菩萨造型很是修长，比例已有夸张。细巧的华绳瓔珞在腹前相交绕，却无常见的环璧。下裙则刻出密密的褶纹，显出了丝帛的质感，而且增加了菩萨站立的线型。胸前显得平板，佩悬着细巧的项饰。

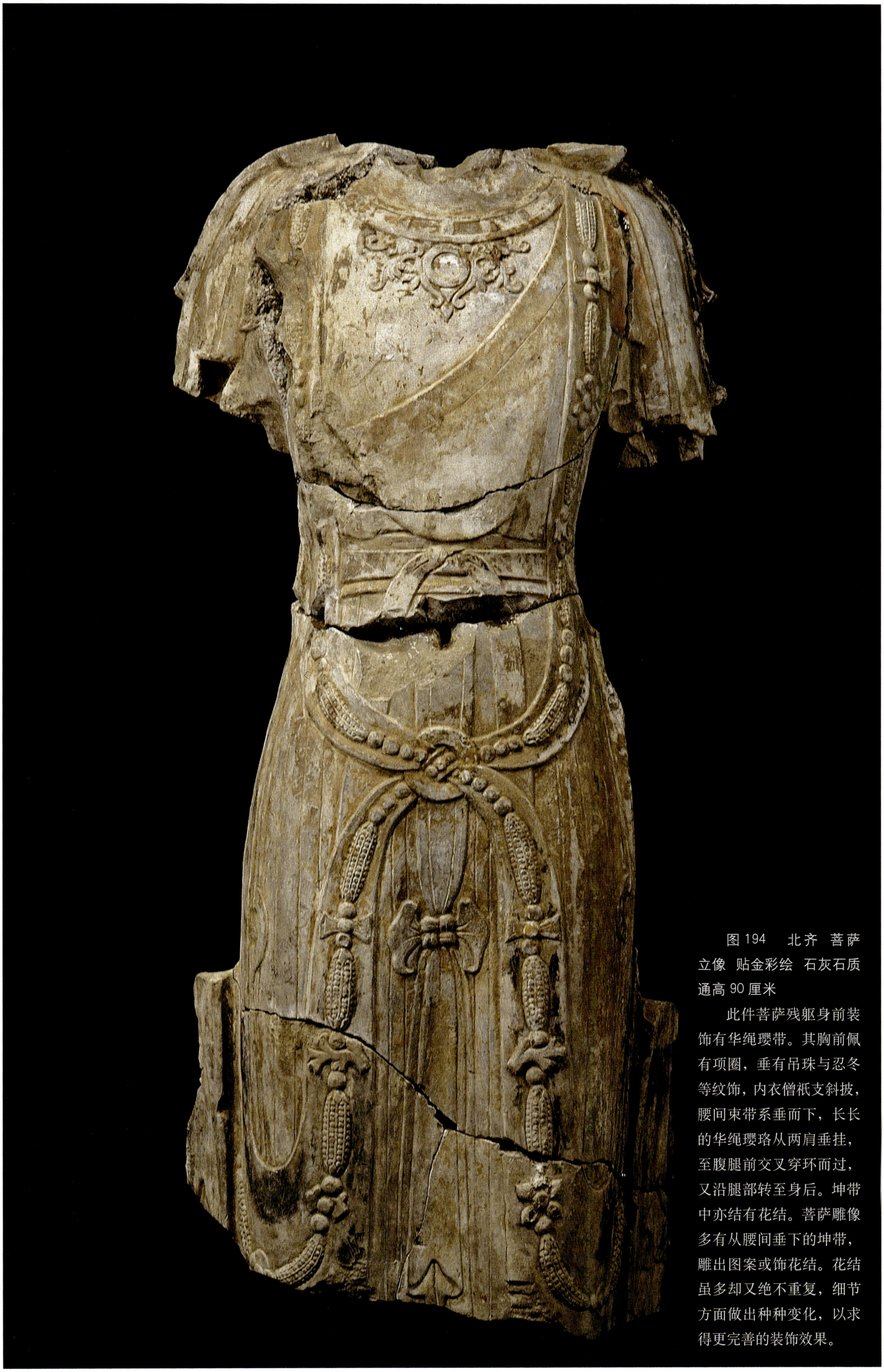

图 194　北齐　菩萨立像　贴金彩绘　石灰石质　通高 90 厘米

此件菩萨残躯身前装饰有华绳璎带。其胸前佩有项圈，垂有吊珠与忍冬等纹饰，内衣僧祇支斜披，腰间束带系垂而下，长长的华绳璎珞从两肩垂挂，至腹腿前交叉穿环而过，又沿腿部转至身后。坤带中亦结有花结。菩萨雕像多有从腰间垂下的坤带，雕出图案或饰花结。花结虽多却又绝不重复，细节方面做出种种变化，以求得更完善的装饰效果。

图 195　北齐　菩萨立像　贴金彩绘　汉白玉质　像高 64 厘米

图 196　北齐　菩萨立像　贴金彩绘　石灰石质　通高 113 厘米

图 197　北齐 菩萨头像 贴金彩绘 石灰石质 通高 33 厘米

图 198　北齐 菩萨头像 贴金彩绘 石灰石质 通高 18 厘米

图 199　北齐 菩萨头像 贴金彩绘 石灰石质 通高 15 厘米

图 200　北齐 菩萨头像 彩绘 石灰石质 通高 16.5 厘米

罗汉·天王·力士·飞天·龙造像
Images of Arhats, Heavenly Kings, Guardians, Flying Devas and Dragons
羅漢・天王・力士・飛天・竜の造像

罗汉·天王·力士·飞天·龙造像

张 总

青州造像之中的背光所饰伎乐飞天与龙是非常突出的。青州造像的舟形背光佛菩萨三尊立像造型很有特色。龙兴寺窖藏发现之前，青州兴国寺遗址与酒厂工地出土的作品之中，已可见有贴金绘彩之技艺，尤其是酒厂出土像上还有截金工艺，即将金镶成十字等花形于背光之上，形成极出色的效果。早已著名的青州西王孔庄的北魏正光六年(525)贾智渊妻张宝珠所造佛三尊像，就有雕琢十分精妙的背光部分的伎乐飞天。其火焰纹背光上有一龙，外缘再加饰十一身持执乐器的飞天，乐器有鼓、吹、弹、拨等数个演奏类型。龙兴寺出土造像的背光飞天更有十分精彩之处，许多造像贴金绘彩仍有存留，有些飞天体型较大，婀娜多姿，十分秀美；有飞天演奏乐器的姿势极为逼真，有飞天奉背光顶上之龙而翔，亦有飞天奉塔而行空中。总之，背光上飞天像是青州造像之中极具神采的一笔，决不能忽视。又青州背光之像中多有两条龙位于佛与菩萨之间，其身倒置，尾上头下，四肢昂扬蹬展，曲颈弯首，口中吐出一股云气，化作莲花荷叶，卷曲盘绕在胁侍菩萨脚下所踏的圆台处。总之，青州背光造像上有飞天，下有盘龙，特别是背光下部倒龙形象，为其余各地造像中少见。青州像上倒身之龙的发展序列呈现清楚的发展线索。从北魏、东魏到北齐，龙的大小肢体与盘曲形态愈来愈复杂、精致。尽管如此，青州像龙的来历很可能与河北定州一带工艺有关。在北魏河北金铜佛像之中，已出现了塑造完善的龙吐莲形象。如日本京都藤井有邻馆所藏的正光三年(522)高阳县人魏氏造金铜佛像，胁侍菩萨的下面，就是透雕的龙与莲花荷叶，形态与青州石雕之龙莲形象是一致的。而且青州张宝珠造像舟形背光外饰飞天，与河北此像及正光五年铭背光嵌飞天金铜佛的特点亦一致，可使人联想在金铜佛与石雕佛像之间也有工艺上的联系。

再者，青州地区这种背光饰倒龙的造像在国外也有藏品。如美国底特律艺术中心藏一件造像，与此像风格特点及特征相当一致，其背光洁净，饰有倒龙。推其渊由，可能青州地区造像早有零星出土，流出国外。如《八琼室金石补正》卷廿二，曾录有诸城出土造像题字十八段，可见诸城佛造像早年曾有一批出土。且其中有一种造像题名为“夏侯丰珞等造像”，而诸城1990年前后出土大批造像之中，亦有“夏侯丰珞邑义兄弟廿余人”于东魏武定四年所造弥勒之像。由此亦可推知欧美博物馆中个别青州风格造像的来历。

图 201　北魏太昌元年 比丘尼惠照造弥勒像局部 飞天 天龙 化佛

图 202
北魏晚期—东魏
造像局部
伎乐飞天
化佛

图 203
北魏晚期—东魏
造像局部
伎乐飞天
化佛

图 204
北魏晚期—东魏
造像局部
托塔飞天
伎乐飞天

图 205
东魏—北齐
造像局部
托塔飞天
伎乐飞天

图 206
北魏晚期—东魏
造像局部
托塔飞天

图 207
东魏天平三年
造像局部
托塔飞天
伎乐飞天

图 208　北魏晚期—东魏 造像局部 高浮雕飞天

图 209　东魏 造像局部 托塔飞天

图 210　东魏—北齐 造像局部 托塔飞天

图 211　东魏—北齐 造像局部左面 伎乐飞天

造像背光上的伎乐飞天，在青州作品上是非常突出的。出于青州西王孔庄的北魏正光六年(525)张宝珠造像，就体现出伎乐飞天刻造的极高水平。飞天本是佛教之中天龙八部的护法神之一，梵名为乾达婆，意为香音神，云其闻香而行，又有音乐神之义。在石窟与佛教造像的雕刻之中，飞天是非常得人心的。此图为沿背光左侧缘布置的三身飞天。三身飞天状若菩萨，上有帔帛，呈环形，又从两臂根绕上，飞扬飘卷；下有随裙的飘带，亦展动扬起，衬托出其翱翔空中的轻旷灵动。其手中所执的乐器依次有阮咸、琵琶与古琴，各像姿态也随执拿物乐器而不同，尤以持琴飞天以盘伸的双腿来托住琴身，双手弹奏甚为巧妙。

图 212　东魏—北齐 造像局部右面 伎乐飞天

此为背光右侧缘排列的三身伎乐飞天。其中上身飞天手持笙吹奏，中身飞天握吹横笛，下身飞天似吹竖笛。飞天帔帛漫漫飘举，显出在空中之姿。飞天体态则上身为演奏状，下身向后舒展，而小腿又向回曲，全身呈复杂的曲线。唯有最上身的飞天，竟成舞蹈的姿态，左腿收回如蹲伏，右腿向前伸展弹出，脚掌指都刻画得十分清楚，形成极为有趣的效果。

图 213　北魏晚期—东魏 造像局部 天龙莲台

图 214　北魏晚期—东魏 造像局部 左侧天龙莲台

图 215　北魏晚期—东魏 造像局部 右侧天龙莲台

图 216
北魏晚期—东魏
造像局部
天龙莲台

图 217　北魏晚期—东魏 造像局部 天龙莲台

图 218　东魏　造像局部　天龙莲台

图 219　东魏 造像局部 天龙莲台

青州地区造像中的龙与莲台雕造的非常有特色。三尊造像的背光下部，佛与菩萨像之间，右侧雕出的一只倒身向下的龙，曲颈盘身，四肢蹬展，龙尾波卷上扬，口中吐出了一枝莲荷，莲荷叶护卷到菩萨所立的圆台之上。左侧的龙与莲荷比对称的右侧又有变化。龙曲颈扭身而回首，口中云气从龙背上越过，幻化出一组莲荷。其根有束珠带，出五茎，上面开有莲花叶，并有花蕾与两荷叶围于菩萨所立圆台。龙的姿态十分生动活泼。

图 220
北齐
造像局部
天龙莲台

图 221
北齐
造像局部
天龙莲台

图 222
北魏晚期—北齐
男供养人
彩绘
石灰石质
通高 23 厘米

图 223　北齐 佛弟子造像 彩绘 石灰石质 通高 37 厘米

此像双手在胸前合十而作礼拜之状，应是弟子的造像。造像周身洁净，衣袍无纹褶，就连袖口也了无痕迹。像右手从袈裟中伸出，左手腕下略如袖边，但下行则与袈裟浑然相融。原来僧人所服袈裟并无衣袖，只是一块大布绕身，如袖口处只是袈裟之边别绕下，如拓展则无袖。北齐时盛行佛衣无饰纹褶，因而此像也绝无褶饰，肃穆而立。单尊的弟子造像还是比较少见的，但国外博物馆有个别藏品。

图 224
北魏晚期—东魏
造像局部
线刻童子
石灰石质
通高 10 厘米

图 225
北齐
力士像
彩绘
石灰石质
通高 59.5 厘米

图 226　唐　造像局部　石灰石质
通高 30 厘米

这件造像十分奇特，在像身之体躯前面刻出了三个人面，均为威眉怒目的武将类型之人面，因而此躯残像很可能是佛教护法之像。目前可见略资比较的，有河南安阳宝山隋代大留圣窟门口所镌的迦毗罗神王，其体躯前胸甲上雕出了三个略呈愤怒相的人面。虽然此神王像抬起的左手遮挡住了胸部一人面，但其余两面分布已很清楚地说明了三人面的位置。迦毗罗神王浑身置甲，肩有兽头怒相，腰下膝部有象头与长牙。与青州像相比，两像富于特征的人面区别唯一在胸甲，一在体躯。虽然仅此特征并不能肯定青州此像为神王像，但其为佛教护法应大致不差。

图 227
唐
石雕力士像
石灰石质
通高 15.5 厘米

图 228
唐
佛与菩萨
浅浮雕
花岗岩质
通高 30 厘米

图 229
北宋
女头像
陶质
通高 11 厘米

图 230　北宋　罗汉像　贴金彩绘　石灰石质　通高 26.9 厘米

图 231　北宋 罗汉像 彩绘 石灰石质 通高 27 厘米

图 232　北宋　罗汉像　彩绘　石灰石质　通高 34.6 厘米

图 233　北宋 女头像 彩绘 陶质 通高 11 厘米

图 234
北宋
罗汉像
彩绘
石灰石质
通高 36.5 厘米

图 235
北宋天圣四年
罗汉像
石灰石质
通高 36.5 厘米

图书在版编目（CIP）数据

青州龙兴寺佛教造像艺术 / 青州市博物馆编.—济南：山东美术出版社，2014.5（2024.6重印）
ISBN 978-7-5330-4556-2

Ⅰ.①青… Ⅱ.①青… Ⅲ.①佛像-造像-青州市-图集 Ⅳ.①K879.32

中国版本图书馆CIP数据核字（2013）第082538号

主管单位 山东出版传媒股份有限公司
出版发行 山东美术出版社
济南市市中区舜耕路517号书苑广场（邮编：250003）
http://www.sdmspub.com
E-mail:sdmscbs@163.com
电话：（0531）82098268 传真：（0531）82066185
山东美术出版社发行部
济南市市中区舜耕路517号书苑广场（邮编：250003）
电话：（0531）86193028 86193029
制版印刷 北京雅昌艺术印刷有限公司
开　　本 889mm×1194mm 1/8
印　　张 30.5
字　　数 50千
印　　数 9001-10500
版　　次 2014年5月第1版 2024年6月第6次印刷
定　　价 360.00元